Ich widme dieses Buch meinen beiden Söhnen
Maximilian Ludwig und Bosse Benjamin

Macht was draus!
Euer Papa

Bibliografische Information der Deutschen Nationalbibliothek:
Die Deutsche Nationalbibliothek verzeichnet diese Publikation in der
Deutschen Nationalbibliografie; detaillierte bibliografische Daten sind
im Internet über dnb.dnb.de abrufbar.

1. Auflage

ISBN Glück und Erfolg sind Kopfsache:
„978-3-96527-065-7" (Taschenbuch)
„978-3-96527-066-4" (E-Book)

Copyright 2019/2020 Dave Brych
FROG MOTION MEDIA, Köln, Dezember 2019
Made with ❤ in Cologne!

www.fromo.de www.davebrych.com

**Hergestellt in Deutschland.
Alle Rechte vorbehalten.**

Das Werk ist urheberrechtlich geschützt. Alle Rechte, insbesondere die Rechte der Verbreitung, der Vervielfältigung, der Übersetzung, des Nachdrucks und der Wiedergabe auf fotomechanischem oder ähnlichem Wege, durch Fotokopie, Mikrofilm oder andere elektronische Verfahren sowie der Speicherung in Datenverarbeitungsanlagen, bleiben, auch bei nur auszugsweiser Verwertung, dem Verlag vorbehalten. Es wird darauf verwiesen, dass alle Angaben in diesem Werk trotz sorgfältiger Bearbeitung ohne Gewähr erfolgen und eine Haftung der Autoren oder des Verlages ausgeschlossen ist.

Glück und Erfolg sind Kopfsache

Für Motivation, Inspiration und Selbstbewusstsein

www.5ideen.com/kopfsache

Inhaltsverzeichnis:

Vorwort .... Seite 7

Du bist ein Steinzeitmensch .... Seite 11

Dirk Kreuter .... Seite 24

Alex Düsseldorf Fischer .... Seite 38

Gerald Hörhan .... Seite 58

Dr. Stefan Frädrich .... Seite 68

Michael Serve .... Seite 86

Ben Ouattara .... Seite 102

Max Reidl .... Seite 138

Steffen Kirchner .... Seite 152

Sarah Tschernigow .... Seite 178

Tobias Beck .... Seite 200

Karl Ess .... Seite 226

Das letzte Wort hat Dave .... Seite 242

Danke! .... Seite 247

Über den Autor .... Seite 256

Standing-Ovations für Dave Brych beim "Entscheidung: Erfolg" Seminar von Dirk Kreuter im Mai 2019 in Dortmund

„Ich hatte viele schlechte Lehrer.
Das war eine gute Schule."
Arnfrid Astel

Vorwort von Dave Stutzman

Als ich Dave zum ersten Mal traf, waren wir auf einer Weihnachtsfeier im Kindergarten. Als Elternteil wurde ich mit dem Verkauf des Leberkäses beauftragt und verbrachte den Abend damit, gigantische Fleischstücke abzuschneiden. Nach dem anfänglichen Ansturm hungriger Eltern und Kinder brach das Geschäft ein und wir mussten feststellen, dass wir noch reichlich Leberkäs übrig hatten. Hier lernte ich Dave kennen, hinter dem Verkaufsstand. Mit viel Enthusiasmus und Überzeugungskraft fing er an, unsere restlichen Vorräte zu verkaufen, als wären wir auf einem Freiluftmarkt in Italien oder dem Hamburger Fischmarkt. „So günstig kommt ihr nie wieder an Leberkäsbrötchen", „Die Einnahmen sind für den Kindergarten, also eine Win-win-Situation für alle", „Wer will noch eines der letzten frischen Leberkäsbrötchen?", „Jetzt einmal Leberkäs und die Brezel gibt's gratis dazu."

Der Verkauf boomte und am Ende des Abends hatten wir alle unsere Brötchen verkauft. Keine einzige Scheibe war mehr übrig. Mit viel Energie und Charme hatte Dave unsere Bemühungen in einen Erfolg verwandelt, allen Beteiligten sehr viel Spaß bereitet und dem Kindergarten zu einem Rekordumsatz verholfen. Dies war meine erste Begegnung mit Dave und so wurden wir schnell Freunde.

Ich bin Daves Nachbar. Ich bin weder Geschäftsmann noch Unternehmer. Meine Welt besteht nicht aus Geld, Verkauf oder Marketing. Meine Welt ist die des Glaubens, der Gemeinschaft und der Religion. Ich bin Pastor und gebe einer neuen Gemeinde die Führung, die versucht, in einer sich verändernden Welt die Kirche anders zu gestalten. In den letzten Jahren habe ich mich regelmäßig mit Dave getroffen, um über das Leben zu philosophieren und viel über seine Welt des Content-Marketings zu lernen. Ich habe gelernt, dass unsere Welten auf sehr wichtige Weise zusammenwachsen. Wir sind beide unternehmerisch tätig, aber was noch wichtiger ist: Wir engagieren uns dafür, Menschen dabei zu helfen, Wachstum und Veränderung in ihrem Leben zu finden. Genau das tut Dave. In seinem eigenen Leben erlebt er einen tiefgreifenden Durchbruch, und das versetzt ihn in die Lage, anderen zu helfen, dies auch zu erleben. Das ist es, was Dave antreibt und ihm eine authentische Begeisterung dafür gibt, das Potenzial in anderen zu sehen.

Für Dave ist es selbstverständlich, er selbst zu sein. Das ist der Schlüssel zu seinem Erfolg. Er ist echt und authentisch – Tugenden, die für unsere heutige Welt unglaublich wichtig sind. Als Verbraucher haben wir Zugang zu allen Informationen über Dinge, die wir kaufen können und von denen wir schon einmal geträumt haben. Egal, ob Sie telefonieren, die Straße entlanggehen, in einer Zeitschrift blättern – es ist unglaublich, wie viele Anzeigen wir täglich sehen. Die Nähe zum Marketing ist unvermeidlich und allgegenwärtig. Die Methoden und Strategien, mit denen Unternehmen versuchen, die Verbraucher zu erreichen, sind sicherlich erfolgreich, doch es geht auch etwas verloren, wenn sie in einem überfüllten Markt um Aufmerksamkeit kämpfen. Wir können abgestumpfter, skeptischer und misstrauischer werden, insbesondere, wenn es um Versprechen geht, unser Leben besser zu machen.

Ich glaube, Vertrauen aufzubauen ist der Grundstein für Erfolg, und es beginnt damit, eine echte Person zu sein. In diesem Buch lesen Sie von einer Vielzahl von Autoren, deren Geschichten und Einsichten. Wichtig ist jedoch, dass Sie sie als Menschen kennenlernen. Dieses Buch soll Ihnen den Erfolg aus Perspektive und Erfahrung der Autoren zeigen. Ein Buch wie dieses ist wirkungsvoll, weil Sie die Autoren kennenlernen, Vertrauen gewinnen und auf ganz neue Weise erkennen, was echt ist.

Ich hoffe, dass auch Sie die echte Begeisterung der Autoren erkennen und den Durchbruch in Ihrem eigenen Leben sehen, wie ich es durch meinen Nachbarn Dave erlebt habe. Meiner Erfahrung nach lernen wir am meisten von Menschen, denen wir vertrauen.

Dave Stutzman

Anmerkung von Dave Brych:
Dave Stutzman ist übrigens Amerikaner. Das Vorwort hat er mit dem Google Translator übersetzt, nach dem Motto: „Better done than perfect!" – Lustig ist natürlich auch, dass wir beide Dave heißen. Wir treffen uns ein paar Mal im Jahr zum philosophischen Austausch unter dem Titel „Beers with Daves". Manchmal auch ohne Bier einfach zum Mittagessen. Bei solchen Treffen tauschen wir uns gerne über neue Ideen und Projekte aus, zum Beispiel über meine Buchprojekte. Nun war es auch an der Zeit, Dave S. mal in einem Buch zu verewigen. Danke für das tolle Vorwort!

Du bist ein Steinzeitmensch

Bitte versteh das jetzt nicht falsch, das ist nicht despektierlich gemeint, aber du bist wie ein Steinzeitmensch. Was meine ich damit?

Unser Instinkt ist für alle Gefahren und alle Arten der Negativität besonders sensibel; diese Funktion begleitet uns seit der Steinzeit. Das ist, oder besser gesagt: war, eine sehr wichtige Funktion, die uns das Überleben sicherte. Heute, in unserer modernen und sicheren Welt, ist diese Funktion zwar größtenteils überholt, aber der Instinkt schlummert immer noch tief in uns. Aus diesem Grund bist du, genauso wie jeder andere Mensch, von Natur aus eher paranoid und ängstlich – der eine mehr, der andere weniger.

Diese Form der Wahrnehmung war für unsere Vorfahren überlebenswichtig, denn überall konnten schließlich Gefahren lauern, und sobald es ein großes Raubtier oder eine giftige Beere in unserer Umwelt gab, musste das jeder in unserem Stamm wissen, um unsere Gruppe zu schützen und um letztlich unsere Nachkommen sichern zu können.

Das steckt nach wie vor tief in unserer Natur; deswegen werden heute auch schlechte Nachrichten zehnmal öfter weitererzählt als positive. Allerdings denke ich, dass wir, wie andere animalische Triebe auch, dieses Phänomen ebenfalls in den Griff bekommen können und uns quasi auf Positivität konzentrieren und sogar ein Stück weit umprogrammieren können.

Ich benenne das alles sehr binär und radikal, sonst denkt niemand darüber nach.

Glück und Erfolg sind in erster Linie Kopfsache, das werde ich in diesem Buch aufzeigen. Außerdem erhältst du am Ende wichtige Tipps von mir, wie du der Negativspirale entkommen kannst.

Die Welt ist voller Gefahren, daran besteht gar kein Zweifel. Ja, es gibt Kriege, Hungersnöte, Elend, Terror, Krankheiten, Epidemien und Umweltkatastrophen, aber soll das jetzt bedeuten, dass du jeden Tag traurig sein musst? Nein. Wenn du dich nur auf die Negativität und die Angst konzentrierst, dann macht es ja keinen Sinn mehr, überhaupt morgens aufzustehen und weiterzumachen und zu leben, denn wir sind sowieso alle verdammt und eigentlich schon längst tot. Eine Sichtweise, die sich nur auf das Böse, die Probleme und die Fehler konzentriert, wird nichts Gutes erschaffen.

Vielleicht willst du das Buch jetzt am liebsten weglegen, weil du dich persönlich angegriffen fühlst. Aber gerade dann solltest du erst recht weiterlesen.

Mein Ziel war es noch nie, jedem Menschen zu gefallen; ich kann es mir vielmehr sogar leisten, nicht jedem zu gefallen. Meiner Meinung nach haben wir immer die Wahl, wie wir die Welt sehen, und das beeinflusst unser weiteres Handeln. Unsere Einstellung und unsere Entscheidungen prägen unser Umfeld und unser Schicksal. Schließlich kommt dann genau das, was wir uns von vornherein gewünscht haben. Wir gehen alle durch schmerzhafte Höhen und Tiefen, es gibt kein Bilderbuchleben, bei keinem meiner Gäste. Niemandem wird etwas geschenkt, aber ab heute wirst du über einige Dinge anders denken als vor diesem Buch. Die Dinge, die dich aufhalten, sind zum einen dein Zweifel, weil du Angst hast, und zum anderen die Scham, die du eigentlich fürchtest. Diese Furcht ist bloß virtuell und sobald du das erkannt hast, bist du frei. Und das ist Kopfsache.

„Schach ist das schnellste Spiel der Welt, weil man in jeder Sekunde Tausende von Gedanken ordnen muss."
(Albert Einstein)

Folgendes Bild: Stell dir bitte mal einen soliden Holztisch vor, an dem zwei Menschen sitzen und auf dem ein Schachbrett mit Figuren steht. Stell dir vor, die eine Person konzentriert sich nur auf das Negative und die Schwierigkeiten des Spiels: Schach ist so schwer. Ich kann das nicht. Das ist so kompliziert. Ich hab kein Glück. Ich sehe da keine Möglichkeiten. Ich spiele lieber Mau-Mau, da habe ich wenigstens eine Chance, hier kann ich nur verlieren. Diese Person ist allein dadurch ein schwacher Gegner, weil sie all ihre Aufmerksamkeit vom Gewinnen abzieht. Dieses Verhalten ist problemorientiert.

Auf der anderen Tischseite sieht man das Spiel sehr positiv: Schach ist immer wieder eine Herausforderung. Heute werde ich noch besser. Ich könnte selbst einen Schachcomputer schlagen! Das Spiel macht Spaß, da kann ich nur gewinnen. Fokus: Erfolg.
Die selektive Wahrnehmung wird aktiviert, Chancen

werden gesehen, Rückschläge werden verkraftet, der Körper schüttet Endorphine aus und wir sind glücklich. Die Aufmerksamkeit ist auf Hochtouren und rechnet wie ein Super-Computer blitzschnell alle Möglichkeiten durch und findet Wege!
Das ist lösungsorientiert.

„Es gibt zwei Arten von Leuten, die einen beugen sich den Umständen und spielen Whist, die anderen wollen sie kontrollieren und spielen Schach." (Sam Collins)

Auf welcher Seite des Tisches willst du sitzen? Versteh mich bitte nicht falsch, ich könnte mich auf die negative Seite setzen und dir viele Gründe nennen, warum du unglücklich sein solltest und warum das alles nicht geht, aber ich fokussiere mich auf die Lösungen und Möglichkeiten – ich kann, ich will und ich werde es schaffen. Dabei geht es weniger um Esoterik oder so, sondern um Logik! Denn wenn du längst resigniert hast, dann ist es ja unlogisch weiterzumachen. Aber das ist wider die Natur!

> *„Stärke wächst nicht aus körperlicher Kraft, sondern aus unbeugsamem Willen."*
> *(Chinesisches Sprichwort)*

Nachher werden viele behaupten, dass du nur Glück gehabt hast.

> *„Je mehr ich trainiere, desto mehr Glück habe ich auf der Runde."* (Gary Player, Profi-Golfer)

Wenn du Angst hast, denk immer daran, dass die Angst virtuell ist. Sie ist nicht real. Kennst du diese Situation: Du bekommst eine Sprachnachricht auf deinem Smartphone und denkst: „Scheiße, das hab ich vergessen" oder „Jetzt gibt's Ärger" oder "Mist, was will der denn nun", und du hast plötzlich Angst, die Nachricht abzuhören. Doch was stellt sich in 93% der Fälle heraus? Dass deine Angst unbegründet war und alles überhaupt nicht schlimm ist. Aber bis dahin haben wir Angst. Angst vor dem Leiden. Und die Angst vor dem Leiden ist schlimmer als das Leiden selbst.

Die Angst bremst uns aus. Aber wovor haben wir eigentlich Angst? In den meisten Fällen ist unsere Angst eigentlich Scham. Und Scham ist wie ein Raum, in dem deine engsten Verwandten stehen: deine Mama, dein Papa, deine Schwester, dein Bruder, deine Oma, dein Opa, Tante, Onkel und so weiter. Und sie sagen dir Dinge wie: „Das habe ich dir doch gleich gesagt", „Du dachtest, du bist was Besseres", „Du arrogantes Stück, in unserer Familie konnte noch nie jemand Schach spielen" oder Ähnliches. Und das fühlt sich so schlimm an, dass du diesen Raum sofort verlassen und nie wieder betreten willst. Das ist Scham und davor haben wir in Wirklichkeit die meiste Angst.

Wenn du willst und wenn dein „Warum" groß genug ist, dann geht es. Dann spielen Zeit, Ort und Geld keine Rolle mehr.

Für die negative Seite: Geh bitte irgendwo an den Stammtisch oder zum Kaffeekränzchen und teile dein Selbstmitleid mit der Runde. Jeder Tag ist der beste Beginn für dein Projekt. Wenn dir der Dezember nicht passt, dann wohl auch nicht Januar, Februar, März oder April …

Ich könnte dir jeden Tag sagen, warum oder warum es nicht der perfekte Tag für den Start ist. Die Frage lautet: „Auf welcher Seite des Tisches willst du sitzen?"

Und das Unterbewusstsein zu stärken und zu programmieren, funktioniert wirklich. So habe ich schon sehr viele meiner Ziele erreicht. Am Ende des Tages ist Disziplin immer Willenskraft, aber diese muss irgendwo herkommen – Von einem starken, bewussten „Warum" oder aus dem positiv programmierten Unterbewusstsein.

Glaub mir, ich denke über dieses Thema seit etwa 14 Jahren nach; was du bisher gelesen hast, ist keinesfalls eine unüberlegte Behauptung. Erfolg ist Kopfsache und Negativität ist unser größter Feind auf dem Weg zum Erreichen unserer Ziele und Träume.

Meiner Meinung nach hat das vorliegende Problem seine Anfänge in unser aller Schulzeit, die uns leider mit Zwängen und Ängsten blockiert und alle Fehler besonders betont hat. Das Thema ist vielen bekannt und wurde schon oft besprochen, aber es wird anscheinend nichts daran geändert; deswegen musst du hier selber aktiv werden.

Im Unterricht habe ich beispielsweise das Lesen gehasst und viele Menschen, mit denen ich darüber heute rede, sagen mir Ähnliches. Ein Buch lesen zu müssen, nimmt uns bereits den Spaß und die Lust

an diesem Werk. Heute ist ein Buch für mich wie ein persönliches Seminar mit dem Autor und seinen Verkaufspreis mindestens um das Hundertfache wert. Allerdings konnte ich das in der Schule nie so erkennen, da ich ein Buch stets unter Druck lesen und auf die „korrekte" Art und Weise interpretieren musste – meistens ohne jeglichen Bezug, warum und in welcher Zeit dieses Buch geschrieben wurde.

Ideen zu entwickeln und dabei etwas zu skizzieren oder auch mal hinzuschmieren, ist verpönt im Unterricht. Alles muss klar vergleichbar und bewertbar sein bzw. die Schüler und Absolventen haben oft

Angst, etwas auszuprobieren; sie haben Angst, dass das Ergebnis nicht perfekt werden würde. Und das Schlimmste ist, dass in der Schule alle nur über Fehler reden und nur an Fehler denken.

Seit ich mit Lust, Genuss und Neugier lesen darf, lese ich schneller, mehr und intensiver. Ja, wenn mir etwas besonders wertvoll erscheint, dann lese ich es sogar freiwillig nochmal oder höre anschließend noch das Hörbuch. Warum erwähne ich das hier in diesem Kapitel und was hat das mit unserer steinzeitlichen Paranoia zu tun?

„Kann ich nicht, weiß ich nicht, werde ich nie lernen, ich bin nicht so schlau ..."

Jeder von uns will einfach nur spielen und Lernen ist Spielen, Kreativität ist Spielen, und Unternehmertum ist Spielen.

Die Frage danach, wie man Menschen motiviert, ist (...) etwa so sinnvoll wie die Frage: „Wie erzeugt man Hunger?" Die einzig vernünftige Antwort lautet: „Gar nicht, denn er stellt sich von alleine ein."
Manfred Spitzer („Lernen", 2002, S. 192)

2005, während meines Zivildienstes bei der Lebenshilfe Buxtehude, begann ich richtig zu lesen. Mit „richtigem" Lesen meine ich das freiwillige Lesen aus eigenem Antrieb und aus eigenem Interesse. Und ich habe keine Romane gelesen, weil ich lieber aus realen Lebenserfahrungen schöpfen wollte. Mein Start war auch keine leichte Kost, sondern Sachbücher, unter anderem von dem Soziologen Neil Postman, sowie zahlreiche Biografien von Unternehmern und historischen Figuren.

Im vorliegenden Buch habe ich sehr erfolgreiche Menschen – Unternehmer, Coaches und Speaker – eingeladen, sehr intim und privat über ihr Leben zu sprechen. Dabei habe ich eine besondere Fragetechnik angewandt und habe diese Fragen inhaltlich an die elf Kapitel meines ersten Buches („Kopf schlägt Potenzial", veröffentlicht im Mai 2018 bei FROG MOTION MEDIA) angelehnt. Und obwohl jeder meiner Gäste schon zahlreiche Interviews gab, hunderte Male auf Bühnen stand und teilweise selbst bereits Bestseller schrieb, kamen einige bei der Beantwortung der Fragen fast an ihre Grenzen und wollten teilweise sogar abbrechen.

Ich lade dich ein, eine Mindset-Reise durch die Köpfe und Gedanken von einigen der Menschen in Deutschland anzutreten, die mich sehr inspiriert haben. Es ist mir persönlich eine große Ehre, sie alle hier in meinem mittlerweile vierten Buch zu vereinen. Elf Gäste und Dave, quasi „Dave's Eleven".

Darunter Freunde, gute Bekannte und Mentoren!

Ab hier liegt's an dir … entdecke die Geheimnisse von Glück und Erfolg und mach was draus!

Dein Dave

Dirk Kreuter

Der mit Abstand erfolgreichste Verkaufstrainer Europas mit derzeit über 40.000 Seminarteilnehmern im Jahr blickt auf eine grandiose Reise mit 29 Jahren Erfahrungen in seiner Branche zurück. Dirk steht zum einen als Synonym für das Wort „Verkaufstrainer", so wie es die Marke „Tempo" für Taschentücher tut, und zum anderen aber auch für Erfolg. Und Dirk lebt nach den Regeln, die er predigt, und das mit aller Konsequenz und einem starken Willen.

Dave: Stell dir bitte Folgendes vor: Wir sehen uns erst in drei Jahren wieder. Was denkst du, was für eine Person bist du dann?

Dirk: Eines meiner größten Vorbilder, der amerikanische Business Speaker Tom Peters, hat gesagt, auf seinem Grabstein soll später einmal stehen: „Er war neugierig bis zum Schluss." Das gilt auch für mich. Dies soll auch auf meinem Grabstein stehen. Bezogen auf die Fragestellung, welche Person ich in drei Jahren bin: Ich bin noch erfahrener und habe noch mehr Wissen, weil ich unglaublich viel ausprobiert habe. Davon werden auch meine Teilnehmer in den Seminaren profitieren.

Dave: Danke schön. Vervollständige bitte diesen Satz: „Schule ist für mich …"

Dirk: Schule ist für mich sehr wichtig, aber es geht in die falsche Richtung, denn es werden Angestellte ausgebildet. In der neunten Klasse habe ich gelernt, wie man einen Lebenslauf und Bewerbungen schreibt. Dementsprechend war die Schule also eine Ausbildung hin zum Angestellten. Wir brauchen aber, gerade in Deutschland, viel mehr Unternehmer und Unternehmertypen. Deshalb wäre es wichtig, dass in der Schule auch in die folgende Richtung ausgebildet wird: Was musst du wissen, wenn du dich selbstständig machst oder wenn du ein Unternehmen gründest und Mitarbeiter führst? Auch Geld als Thematik sollte behandelt werden, denn darauf wird niemand vorbereitet: Wie kommst du zu Geld? Wie baust du ein Vermögen auf? Wie gehst du mit Geld um? Oder auch das Thema „Ernährung und Gesundheit", womit ich nicht den Sportunterricht meine. Zudem eine Auseinandersetzung mit dem Thema „Beziehungen": Wie kommuniziert man in einer Beziehung? Meiner Meinung nach sind diese Faktoren und Fragestellungen viel wichtiger als der Stoff, der in der Oberstufe gelehrt wird. Das fehlt mir.

Ich habe auch ein Video veröffentlicht bei YouTube, das heißt: „Das wichtigste Video deines Lebens".

https://www.youtube.com/watch?v=aK7Nly1vFRs

In diesem geht es darum, was Bewerber, also Menschen, die einen Job suchen, von Verkäufern lernen können. Dieses Video wurde mittlerweile mehrere 10.000 Male angeschaut. Es gibt auch viele Teenies, viele Kids, die das sehen, und sagen: „Super! So komme ich an meinen Ausbildungsplatz, so komme ich an meinen Ferienjob" oder Ähnliches. Es gibt also bereits bei den Schülern einen anderen Bedarf als das, was momentan auf dem Lehrplan steht.

Dave: Wenn du an jedem Tag nur noch höchstens eine Stunde arbeiten dürftest, was würdest du in dieser Stunde tun?

Dirk: Nur eine Stunde am Tag arbeiten ... Das ist kein schöner Gedanke, da ich einfach gerne arbeite und auch gerne viel arbeite. Variante eins: Ich würde die ganze Woche über diese Stunde aufsparen, um dann am Samstag ein Seminar zu machen und da Vollgas zu geben, den ganzen Tag. Variante zwei: Ich würde lesen. Ich würde meine Learnings reflektieren. Ich würde noch stärker am Unternehmen arbeiten als im Unternehmen, weil ich Unternehmer bin.

Dave: In was für einer Fernsehsendung wärest du gerne? Von Kochsendung bis Actionfilm ist alles erlaubt. Was würde inhaltlich in deiner Fernsehsendung passieren?

Dirk: Es wäre eine Talkshow. Ja, ich würde eine Talkshow machen. Warum? Weil ich jetzt einen Vorwand habe, die interessantesten, die erfolgreichsten Menschen auf diesem Planeten in meine Talkshow einzuladen und sie würden kommen. Ich würde alle möglichen Dinge fragen, die mich interessieren, um einfach von diesen Menschen zu lernen. Das wäre meine Fernsehsendung.

Dave: Stell dir mal vor, du würdest heute deinen persönlichen Highscore deines Lebens angezeigt bekommen, so wie beim Videospiel. Wo würdest du besonders punkten?

Dirk: Wo würde ich besonders punkten? Also, ich glaube, Lara, meine Mitarbeiterin, würde sagen, dass ich am häufigsten punkten würde bei der Aussage „so geil", weil ich das wirklich häufig sage. Wenn ich was gut finde: „Wie geil ist das denn?" Oder: „So geil." Beim Sushi essen definitiv auch. Ich gehe total gerne Sushi essen. Ich könnte sechsmal die Woche Sushi essen. Aber auch beim Verlieren von

Sportbrillen, Sonnenbrillen. Ob ich sie im Leihwagen in irgendeiner Ablage liegen lasse oder beim Jetskifahren stürze. Schwupp, ist die weg. Ich bin ein großer Oakley-Fan und ich glaube, ich habe schon über 100 Oakley-Brillen gekauft, ach, viel mehr als 100. Da habe ich einen echten Verschleiß. Da würde ich scoren.

Dave: Du darfst dich mit nur einem Hashtag beschreiben? Welcher ist das und warum?

Dirk: Der Hashtag wäre: #Erfolgistfreiwillig. Warum? Weil es so viele Menschen gibt, die immer noch fest überzeugt sind: Nein, das geht nicht. Nein, das macht man nicht. Nein, das ist Betrug. Gerade, wenn wir über Verkäufer sprechen, da haben alle Glaubenssätze, das ist unfassbar. Aber es gibt so einen Spruch, der heißt: Bitte verwirren Sie mich nicht mit anderen Meinungen. Oder: Meine Meinung steht fest. So etwas ist sehr, sehr schade. Also, mein Hashtag wäre: #Erfolgistfreiwillig. Denn

Erfolg ist erst mal eine Entscheidung. Du kannst dich entscheiden, erfolgreich zu sein, und dann: Attacke. Aber viele entscheiden sich lieber für ein Durchschnittsleben.

 Dave: Welche verstorbene Persönlichkeit würdest du gerne treffen und was würdest du sie fragen?

 Dirk: Als Erstes meine Oma. Meine Oma ist gestorben, da war ich 16, und das war eine Phase, in der ich nicht lieb zu ihr war. Da habe ich mich echt scheiße verhalten. Das würde ich gerne noch mal korrigieren. Das würde ich gerne klarstellen. Da würde ich mich gerne für entschuldigen.

Wenn es eine historische Persönlichkeit sein darf oder sein soll, dann wäre es, Achtung, Adolf Hitler. Ich würde gerne aus erster Hand erfahren, was das für ein Mensch war und warum er was gemacht hat. Das interessiert mich.

Dave: Was tust du, um nicht normal zu sein?

Dirk: Ich blende jegliche Negativität aus. Ich entferne mich von Menschen, die pessimistisch sind, die rumjammern. Das ist nicht meins. Weg da. Ich schaue kein Fernsehen. Ich höre keine Nachrichten im Radio. Ich bestimme selber, was ich in meinen Kopf lasse. Es gibt einfach zu viele in unserer Gesellschaft, die leben echt dieses Durchschnittsleben, und das ist nicht meins.

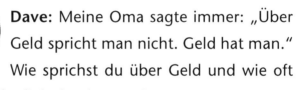
Dave: Meine Oma sagte immer: „Über Geld spricht man nicht. Geld hat man." Wie sprichst du über Geld und wie oft tauschst du dich darüber aus?

Dirk: Ich rede schon häufig über Geld, nämlich darüber, wie man mehr Geld verdienen kann und wie man aus dem Geld, das man hat, mehr machen kann. Das durchaus. Wie oft? So oft es geht. Das Besondere ist: Ich suche mir die Menschen aus. Ich rede dann nur mit

Menschen darüber, die mehr Geld haben als ich, die weiter sind, was dieses Wissen angeht, als ich. Was willst du von jemandem lernen, der für 2.500 Euro brutto im Monat bei irgendeinem Geldinstitut beschäftigt ist? Was willst du von dem lernen? Wenn mich einer berät, dann muss er selber Millionär sein, das muss er mir auch beweisen. Mit wem rede ich über sowas? Mit denen, die Geld haben. Zum Beispiel mit Bodo Schäfer. Da gibt es coole Interviews bei mir im Podcast oder auf meinem YouTube-Kanal. Und es gibt noch weitere, mit denen ich darüber rede, mit meinen beiden Steuerberatern. Mit diesen rede ich auch über Geld. Das rate ich jedem, der selbstständig ist, jedem, der Unternehmer ist. Habe mindestens einen richtig guten Steuerberater.

 Dave: Was sind deine drei wichtigsten Fähigkeiten, die du der nächsten Generation mitgeben möchtest?

 Dirk: Verkaufen ist das Allerwichtigste. Es ist zielgerichtete Kommunikation. Wir verkaufen uns alle. Und das immer. Wenn

du Single bist und du suchst einen Partner oder eine Partnerin, dann musst du dich bei einem Date verkaufen. Du musst so interessant rüberkommen, dass der andere oder die andere bereit ist, die Handynummer rauszugeben, einen Folgetermin zu vereinbaren, zum Abendessen, ins Kino zu gehen, was auch immer. Du verkaufst dich, Sozialakquise. Oder aber, wenn du Kinder hast, als Vater, als Mutter, dann kannst du bis zu einem gewissen Alter ganz autoritär sagen, was die Kinder tun sollen. Ab einem gewissen Alter jedoch musst du deine Kinder überzeugen. Andere Menschen überzeugen ist nichts anderes als verkaufen. Verkaufen ist: Menschen überzeugen, Menschen motivieren, etwas zu tun, Menschen helfen. Verkaufen ist, deine Wünsche und deine Ziele, deine Vision, die du hast, kommunikativ durchzusetzen. Deshalb steht Verkaufen an erster Stelle.
Das Zweite ist Neugierde. Nicht im Sinne von: Was macht der Nachbar? Sondern im Sinne von Wissbegier. Also, dass du möglichst viel Wissen aufnimmst. Nur wer viel Wissen aufnimmt, hat auch die Möglichkeit, dass etwas Intelligentes sei-

nen Kopf verlässt. Dann das Thema Unruhe, positive Unruhe. Es gibt ein Bild mit zwei EKG-Kurven, einer ganz ruhigen, gleichmäßigen EKG-Kurve und einer ganz wilden. Von diesen beiden gehört eine zu einem Herzinfarktpatienten, der kurz darauf einen Herzinfarkt hat. Welche der beiden Kurven? Die ruhige Kurve. Das erwarten die meisten nicht. Die ruhige Kurve ist für das Herz, welches ein Muskel ist, Gift. Der Muskel orientiert sich immer am Widerstand, deswegen braucht auch der Herzmuskel permanent Widerstände, damit er gesund bleibt und wachsen kann. Das Gleiche gilt für Persönlichkeiten und für Organisationen. Seit 15 Jahren ziehen wir alle zwei Jahre mit dem Büro um, manchmal in ein anderes Gebäude, manchmal von der 21. Etage in die 13. und so weiter. Aber ich sorge dafür, dass in meinem Team, in meinem Leben immer Unruhe herrscht. Spätestens alle zwei Jahre lerne ich eine neue Sportart. Ich will einfach jedem mitgeben: Veränderung ist etwas Gutes und hält dich auch im Kopf jung.

Dave: Wieso bleibst du nicht einfach immer, wie du bist?

 Dirk: Wenn ich einen Vortrag halte, dann habe ich meistens eine Postkarte dabei, auf der steht drauf: „Bleib so, wie du bist." Dann empfehle ich den Zuhörern, wenn sie zum Geburtstag oder wann auch immer so eine Postkarte bekommen, dass sie sie entweder sofort zerreißen oder, noch besser, wieder zurückschicken sollen. Denn nichts ist schlimmer, als nach einem Jahr immer noch der zu sein, der du beim letzten Geburtstag warst. Wenn du dich also nicht verändert hast: Wie schlimm ist das? Jetzt bin ich professioneller Trainer, und die Menschen, die zu mir in die Seminare kommen, die wollen Veränderung, wollen anschließend erfolgreicher sein. Erfolgreich sein heißt, dass du dich veränderst. Wie schlimm wäre es, wenn du in einem Jahr immer noch der Gleiche bist, wenn du dich in einem Jahr nicht weiterentwickelt hast, nichts dazu gelernt hättest? Wie schlimm wäre das? Es gibt Verkäufer, die mir erzählen: Ja, ich habe 20 Jahre Erfahrung, aber wenn ich das dann mal genauer hinterfrage, dann kommt raus: Sie haben ein Jahr Erfahrung; in diesem ersten Jahr haben sie viele Dinge gelernt und ausprobiert und dann haben sie dieses eine Jahr 19-mal wiederholt. Sie haben 19-mal mit den gleichen Kunden, den gleichen Produkten, bei der gleichen Firma die gleichen täglichen Touren gemacht. Was soll denn da rauskommen? Nein, die haben keine 20 Jahre Erfahrung. Die haben ein Jahr Erfahrung, welches sie dann 19-mal wiederholt haben. Und wie arm ist das?

„Aus Angst, zu weit zu gehen,
gehen wir oft nicht weit genug!"
Dirk Kreuter

Alex Düsseldorf Fischer

Es ist möglich, vom Lehrersohn zum Immobilienmillionär und Erfolgspodcaster zu wachsen. Der Bestsellerautor von „Reicher als die Geissens" bringt Mehrwert ohne Umwege und begeistert viele Tausende Teilnehmer seiner Online- und Offline-Coachings.

Dave: Stell dir bitte Folgendes vor: Wir sehen uns erst in drei Jahren wieder. Was denkst du, was für eine Person bist du dann?

Alex: Ach, das ist eine schöne Frage. Das Wort „Person" kommt von „persona" und heißt so viel wie „Maske" im Lateinischen. Es stammt ab von dem Wort „personare", „hindurchklingen", weil die Schauspieler sich früher Masken aufgesetzt hatten und die Masken haben dann die Persönlichkeit repräsentiert. Diese Masken hatten vorne eine Art Trichter, durch den klang dann einfach die Persönlichkeit durch. Sprich, das, was der Schauspieler gesagt hat, plus das, was seine Maske eigentlich gezeigt hat. Lange Rede, kurzer Sinn: In Zukunft wäre ich gerne keine Maske, sondern würde versuchen, einfach ich zu sein. Im Speziellen arbeite ich daran, geduldiger zu werden, Augenblicke intensiver zu genießen und mich einfach nur am Dasein zu freuen, ohne etwas tun zu müssen. Manchmal bin ich ein bisschen hibbelig. Das sind die Punkte, die ich als Nächstes angehen würde.

Dave: Danke schön. Vervollständige bitte diesen Satz: „Schule ist für mich …"

 Alex: Schule ist für mich Pareto. Warum? Ich habe jetzt gerade einen Sohnemann, der ist zwölf, der geht jetzt in die sechste Klasse, kommt bald in die siebte Klasse und da erlebe ich das Ganze wieder. Grundsätzlich denke ich, man sollte kein Pauschalurteil abgeben. Unsere Ausbildung hat ihre Vorteile, sie hat aber auch ihre Nachteile. Zum Beispiel ist es so, dass es gewisse Sachen gibt, die du einfach brauchst. Prozentrechnen zum Beispiel, du brauchst die Grundrechenarten, du musst einen Dreisatz machen können. Ich habe sehr viel gewonnen, indem ich Latein gelernt habe. Das merkt man auch immer wieder an den Wortdefinitionen oder wie ich die Etymologie, also die Wortherkunft, erfasse, was für das Sprachverständnis extrem wichtig ist. Englisch ist wichtig. Es gibt schon so ein paar Sachen, die wirklich toll sind. Aber man muss den Schülern genau diese Dinge näherbringen, das mache ich auch bei meinem Sohn, indem ich sage: „Hey, schau mal, das sind die wirklich wichtigen

Sachen. Da musst du besonders aufpassen, denn das ist der Zweck dahinter, der Grund, warum du das lernen solltest. So kannst du es später anwenden." So etwas sagt dir kein Lehrer, du erfährst selten, wofür das Fach im Endeffekt wirklich da ist. Ich beispielsweise nehme mir immer ein bisschen die Zeit, meinem Sohn zu erklären, wie man das Erlernte im Leben anwenden kann. Da sind also auch die Eltern ein bisschen gefordert. Aber ich bin dann auch ehrlich und sage ihm: „Nein, das kannst du gar nicht benutzen, das musst du halt einfach nur können, damit du durch die Schulaufgabe durchkommst beziehungsweise durch die Schularbeit." Amüsant finde ich den Ausdruck „Arbeiten"; früher hieß es bei mir „Schulaufgabe", aber heute heißt es „Arbeit". Dadurch wird schon das Wort „Arbeiten" mit etwas extrem Unangenehmem assoziiert. Ich möchte nicht das allgemeine Schul-Bashing machen. Allerdings muss man feststellen, dass sich in unserer Gesellschaft in der nahen Vergangenheit viel verändert hat. Wir kommunizieren anders, haben soziale Medien. Lediglich das Schulsystem ist immer noch das gleiche wie vor 200 Jahren. Das ist zur industriellen Revolution eingeführt worden, und Zweck des Schulsystems war es einfach, Arbeitsbienchen zu schaffen. Man schafft damit sicherlich keine Unternehmer. Man hat dort kein Selbstmanagement und so weiter, sondern man wird dazu erzogen, dass man schön in Reih und Glied marschiert. Ich habe mal eine tolle Grafik gesehen beziehungsweise einen tollen Witz. In dieser Grafik ist ein Baum zu sehen, vor dem ein Löwe, ein Affe, ein Pinguin, ein Vogel, eine Schlange und weitere Tiere stehen. Zudem steht noch ein Lehrer dabei und sagt: „So, wer als Erster auf dem Baum oben ist, kriegt eine Eins." Zusätzlich zu den anderen Tieren ist dort auch ein Fisch im Aquarium. Genau diese Abbildung illustriert unser Schulsystem. Denn es geht nicht auf die individuellen Stärken ein und versucht, Stärken zu stärken, sondern, im Gegenteil, gleicht es ein wenig einer Gleichschaltung. Das ist eines der Probleme. Es gibt noch weitere Probleme, wie zum Beispiel, dass Frontalunterricht an sich ein Problem hat, denn sprichst du zu einer Masse, dann gibt es unterschiedliche Interessen, unterschiedliche Vorkenntnisse, unterschiedliche Lerngeschwindigkeiten. Der eine ist in Englisch sehr schnell, dafür in Mathe langsam. Meiner Meinung nach wäre es zielführender, mit Studienprogrammen zu arbeiten, in denen die Schüler ihre Geschwindigkeit, aufgrund ihrer Begabungen, selbstbestimmt anpassen können. Um dies umsetzen zu können, müsste man aber das ganze Schulsystem umkrempeln. Da ich selbst Sohn zweier Lehrer bin, weiß ich, wie das alles in etwa läuft. Der Lehrplan wird von Beamten vorgegeben, vom Kultusministerium, dessen Mitglieder vor 100 Jahren mal irgendwann in der Schule waren und sich gar nicht mehr erinnern können oder die sich vielleicht denken: „Wenn ich schon so gelitten habe, sollen die anderen gefälligst auch leiden." Neutral betrachtet hat es also seine Vor- und Nachteile. Wir haben sicherlich kein schlechtes Bildungssystem, aber die Eltern sind gefordert, die Wertung der Wichtigkeit ihren Kindern mitzugeben und vor allem auch darauf zu achten, dass die Richtigkeit bestätigt wird und man einfach sagt: „Du, ich war da auch schlecht, mach dir keine Sorgen."

Dave: Wenn du an jedem Tag nur noch höchstens eine Stunde arbeiten dürftest, was würdest du in dieser Stunde tun?

Alex: „Arbeiten dürftest" – das ist eine schöne Frage, weil sie impliziert, dass man darf und nicht muss. Das finde ich sehr nett, bei mir ist es auch so. Grundsätzlich bin ich ein großer Fan des Spruchs: „Mit den richtigen Leuten die richtigen Dinge in der richtigen Reihenfolge richtig machen." Da ich ein großer Fan dieses Spruchs bin, würde ich mich in dieser einen Stunde mit zwei Sachen beschäftigen: nämlich mit den richtigen Leuten und den richtigen Dingen. Also die, die gemäß Pareto einfach das meiste bringen.

Dave: In was für einer Fernsehsendung wärest du gerne? Von Kochsendung bis Actionfilm ist alles erlaubt. Was würde inhaltlich in deiner Fernsehsendung passieren?

Alex: Ich wäre gerne in „Rocky". Allerdings nicht im „Rocky" von den alten Herren, sondern im Original-„Rocky". Ich liebe die Musik davon. „It's the eye of the tiger, the thrill of the fight." Das finde ich richtig gut. Außerdem könnte ich das gut gebrauchen, da ich in letzter Zeit sehr viel an verschiedenen Projekten gearbeitet habe, wie zum Beispiel an meinem Coaching für Off-Market-Immobilien. Ich habe dort in verschiedene Projekte in den letzten 16 Monaten 40.000 Stunden investiert und habe mir dann ab und zu meinen Frust von der vielen Arbeit abgebaut, indem ich mir abends ein schönes Nutellaglas mit einem Löffel gegönnt habe. Das hat leider dazu geführt, dass ich so sieben, acht Kilo zu viel drauf habe mittlerweile. Deshalb arbeite ich gerade daran, das wieder runter zu kriegen. Aus diesem Grund würde ich gerne in diesem Film mitspielen, denn da ist sichergestellt, dass man sowohl gute Musik hört, als auch, dass man schlanker wird. Was würde inhaltlich passieren? Ganz einfach: Alex Fischer würde gute Musik hören, wäre rank und schlank, hätte wieder sein Traumgewicht und außerdem käme der Kämpfer in ihm raus. Also, das würde praktisch meinem typischen Leben entsprechen. Immer, wenn die Leute etwas nicht gut fanden oder meinten, dass es nicht geht, hat mich genau diese Sache am meisten interessiert. Ich habe mir angewöhnt, dass ich, wenn alle in eine Richtung rennen, in die andere renne. Was genau genommen auch sehr schlau ist, weil dort, wo die Masse hinrennt, hast du die meiste Konkurrenz und damit eigentlich keine Chance. Deswegen geh immer dorthin, wo die Masse nicht hinrennt. Das ist einer der Gründe, warum mir „Rocky" so gut gefällt. Wahrscheinlich wäre Alex dann als „Rocky"-Hauptfigur ein Kämpfer, der vom Gegner geschlagen wurde, weil er körperlich nicht so fit ist, aber dafür würde er ein tolles Marktsystem aufbauen, hätte die Rechte gut vermarktet, hätte Immobilienvermögen aufgebaut, hätte ein Coaching daraus gemacht, wie man nicht so sehr auf die Fresse kriegt, und wäre unterm Strich trotzdem besser gefahren als der Gewinner.

Dave: Stell dir mal vor, du würdest heute deinen persönlichen Highscore deines Lebens angezeigt bekommen, so wie beim Videospiel. Wo würdest du besonders punkten?

Alex: Ich bin mir sicher, dass ich den Peak noch nicht erreicht habe. Das heißt, ich würde dann, wenn wir nur den momentanen Highscore anschauen, den nachfolgenden benennen. Um diesen Highscore aber nachvollziehbar zu machen, sollten wir die Ereignisse der letzten Jahre betrachten. Ich habe die letzten 20 Jahre hobbymäßig zwei Sachen analysiert, nämlich Firmen, die besonders stark abgegangen sind, also, die sich verzehnfacht haben, wie zum Beispiel Microsoft oder Apple. Andererseits habe ich mir aber auch die angeschaut, die sich besonders energisch in den Boden gebohrt haben, und habe versucht, daraus zu destillieren, was die Gründe dafür sind, beziehungsweise die Strategien dahinter. Eigentlich habe ich das nur aus Spaß gemacht, indem ich mir in ein eigenes Büchlein alles in Bezug auf meine Erkenntnisse reingeschrieben habe, was ich gelesen, verstanden oder in Gesprächen über diese Firmen rausgekriegt habe. Im Verlauf der Jahre hat sich dadurch ein ziemliches Know-how angesammelt, das ganz nebenbei dazu geführt hat, dass ich praktisch bei jedem Geschäftsmodell relativ schnell sagen kann, ob es funktionieren wird, ob es nicht funktionieren wird, welche Stellschrauben man drehen müsste, damit es besser funktioniert und Ähnliches. Heute kommt mir dieser Umstand natürlich unglaublich zugute. Wobei ich das so nie geplant hatte, es ist einfach Stück für Stück entstanden. Durch dieses Vorgehen habe ich über die letzten 25 Jahre insgesamt 47 Strategien rausgefunden, welche dafür sorgen, dass du abhebst. Aber in den letzten fünf Jahren habe ich keine neuen Strategien mehr finden können bei Firmen. Es sind lediglich Neukombinationen von alten Strategien. Das Coole dabei ist: Es erspart mir sehr viel Schmerzen, den Rhein flussaufwärts zu schwimmen. Vermutlich hätte ich es gar nicht wahrgenommen, aber dadurch, dass ich oft auch von wirklich hochkarätigen Unternehmern, die nichts über Immobilien wissen wollen, sondern Fragen zu Immobilienstrategien haben, zu Rate gezogen wurde, habe ich es doch mitbekommen. Daran sehe ich, dass das anscheinend eine Eigenschaft ist, die mir bis vor kurzem noch gar nicht bewusst war, die wohl ein Highscore wäre. Es geht einfach darum: Wie nutzt du Strömungen von außen, um zu surfen, anstatt den Rhein flussaufwärts zu schwimmen?

Dave: Du darfst dich mit nur einem Hashtag beschreiben. Welcher ist das und warum?

Alex: Aktuell würde der Hashtag lauten: #DiedickenKindervonLandau. In Zukunft würde er heißen: #Delleins-Universum. Warum? Weil es mir einfach wichtig ist, etwas zu verursachen, an dem ich sehen kann: „Wow, da hast du wirklich was zum Positiven hin verursacht." Mir ist es gar nicht so wichtig, dass jeder weiß, dass ich das war. Mir ist wichtig, dass ich das weiß. Nicht, weil ich so ein Menschenfreund bin, sondern das ist intrinsisch. Ich habe rausgefunden, indem ich mich selbst beobachtet habe, dass es mir einfach am meisten Spaß macht, einen großen Effekt zu kreieren, aufgrund dessen die Leute dann sagen: „Wow, das war super und das hat total geholfen." Es macht mir aus irgendwelchen Gründen mehr Spaß, den Erfolg von anderen zu sehen, an dem ich mitgewirkt habe, offen oder verdeckt, als meinen eigenen Erfolg zu sehen.

Dave: Welche verstorbene Persönlichkeit würdest du gerne treffen und was würdest du sie fragen?

Alex: Ich würde gerne 20 oder mehr treffen. Aber wen ich auf jeden Fall gerne treffen würde, wäre Siddhartha Gautama, auch bekannt unter dem Namen Buddha. Vielleicht kurz: Das Wort „Buddha" heißt so viel wie „der Erleuchtete" und Siddhartha Gautama ist praktisch der bekannteste Buddha unter diesen. Ihn würde ich fragen, wie er es geschafft hat, so eine tolle Bewegung in die Welt zu tragen. Verschiedenste Religionen führen Krieg gegeneinander. Ich habe aber noch nie gehört, dass Buddhisten gegen irgendwen Krieg geführt haben, und das finde ich ziemlich cool. Da aber der Buddhismus von der Wiedergeburt ausgeht und ich mich diesem Gedanken auch in keiner Weise verschließen kann, bin ich mir sicher, ich habe irgendwann mal Gelegenheit, ihn zu fragen.

Dave: Was tust du, um nicht normal zu sein?

Alex: Das Wort „normal" kommt von „Norm", was so viel heißt wie „einheitlich". Um ehrlich zu sein, weiß ich es nicht. Ich glaube, ich muss da gar nicht viel dafür tun. Das war schon immer mein Problem. Meine Eltern hätten mich gerne normaler gehabt, hätten gerne gesehen, dass ich ein bisschen mehr in der Reihe marschiere. Auch meine Lehrer hätten mich gerne normaler gehabt, also mehr der Norm entsprechend. Aber ich glaube, ich muss da einfach nur sein, wie ich bin. Die Frage ist ja überhaupt: Was ist denn die Norm? Eigentlich ist jeder Charakter völlig unterschiedlich. Meiner Meinung nach sind Erziehung und unser Schulsystem die Werkzeuge, um aus Individuen genormte oder normale Menschen zu machen. Also, ich arbeite da nicht aktiv daran, war schon immer ein bisschen aufmüpfig, aufsässig, Nonkonformist. Ich muss da nicht wirklich viel tun. Das ist mir irgendwie in die Wiege gelegt worden.

Dave: Meine Oma sagte immer: „Über Geld spricht man nicht. Geld hat man." Wie sprichst du über Geld und wie oft tauschst du dich darüber aus?

Alex: Schau auf meinen Immobilien-Investor-Podcast, schau auf meinen YouTube-Channel, schau auf mein Facebook – ich beschäftige mich mit den Themen Unternehmertum, Geld, Finanzen und ich spreche sehr wohl darüber. Weil ich denke, dass viel zu wenig darüber gesprochen wird und dass viel zu viel Wissen, das man eigentlich haben müsste, in der Schule überhaupt nicht vermittelt wird. Da wird nicht erklärt, was eine Schufa ist, da wird nicht erklärt, wie man ein Kontensystem aufbaut, da werden die Faktoren nicht erklärt, die man braucht, damit Geld überhaupt zu einem kommen kann. Denn Geld liebt zum Beispiel Ordnung. Geld liebt ein Kontensystem. Geld liebt einen Geldmagneten, also dass du feste Rücklagen bildest. Geld kommt zu Geld. Es gibt da unendlich viele Dinge dazu.

Dave: Was sind deine drei wichtigsten Fähigkeiten, die du der nächsten Generation mitgeben möchtest?

 Alex: Ich habe herausgefunden, da ich auch dieser Art der Fragestellung auf den Leim gegangen bin, dass das Leben, damit man es erfolgreich führen kann, nicht ist wie einzelne Töne, sondern eher wie eine Symphonie, ein Akkord, wie ein Mehrklang oder wie eine Kette, die aus unterschiedlichen Gliedern besteht. Ich bin der Meinung, dass es mindestens 43 Gesetze gibt, die du brauchst, um eine Kette zu bauen, mit der du wirklich Erfolg von der Platte ziehen kannst. Dazu zählen verschiedene Skills. Du musst zum Beispiel wissen, wie Geld funktioniert. Dazu zählt, wie man Kontakte aufbaut, wie man neue Kontakte anbahnt, wie man Kontakte behält, was man besser lässt, was Leute abstößt. Früher war ich zum Beispiel extrem unbeliebt, obwohl das nie meine Absicht war. Aber irgendwann hat mir mal ein Mentor gesagt: „Alex, schau mal, du machst folgende Sachen: Du wertest Leute ab, du hörst

nicht zu und du gehst immer an Superlative ran."
Was sind Superlative eigentlich? Prinzipiell zeigt es das folgende Beispiel am besten. Wenn jemand zu mir sagt: „Ey, ich habe mir ein Fahrrad gekauft", dann sage ich: „Hey, ich auch, nämlich zwei." So etwas kennt ihr vielleicht von manchen Leuten; du erzählst irgendwas begeistert und der andere versucht es dann zu toppen. Die Leute hassen das. Ich wusste das nicht. Ich habe es auch nicht so gemeint, sondern ich wollte eigentlich nur auch was Schlaues sagen und habe damit die Leute verprellt. Deshalb gibt es eben 43 Skills, die du mindestens haben musst. Was ich der Nachwelt hinterlassen möchte? Eigentlich habe ich das schon getan. Ich habe dafür das Buch „Reicher als die Geissens – Mit null Euro Startkapital in fünf Jahren zum Immobilien-Millionär" geschrieben, wo ich genau das machen wollte. Ursprünglich wollte ich eigentlich nur ein Buch schreiben, um es zu veröffentlichen, dann ein Handbuch für meine Mitarbeiter und Freunde, so dass ich nicht immer wieder den gleichen Kram beantworten muss. Letztendlich habe ich mich dann so in Rage geschrieben,

dass ich mir final gedacht habe: „Hey, wenn der liebe Gott dir sagen würde, du hast 450 Seiten, wo du die Möglichkeit hast, alles Wichtige deinem Sohn zu hinterlassen, was würdest du reinschreiben?" Unter diesem Gesichtspunkt habe ich dieses Buch geschrieben. Ich habe dann noch Sachen rausgeschmissen, neue Sachen hineingepackt, Unwichtiges rausgelassen und das Ganze verdichtet, aber trotzdem interessant und vor allem inspirierend geschrieben. Denn ich weiß, dass mein Sohn keinen trockenen Stoff lesen wollen würde. Content alleine reicht nicht, er muss auch zur Transformation inspirieren. Genau das habe ich gemacht, und das ist mir, glaube ich, auch recht gut gelungen. Stand jetzt sind 150.000 Exemplare im Umlauf und es nimmt kein Ende. Also, diesen Punkt, kann ich von mir sagen, habe ich, glaube ich, wirklich schon abgeschlossen und kann ich von meiner Bucket List streichen.

Dave: Wieso bleibst du nicht einfach immer, wie du bist?

Alex: Schon am griechischen Apollo-Tempel steht geschrieben: „Finde dich selbst" beziehungsweise „Sei, wer du bist." Diese Frage ist seit jeher die große Frage aller Philosophen: „Wer bin ich?" Die meisten Leute denken: „Ich bin Feinmechaniker. Ich bin Vater. Ich bin dies, das, jenes." Primär bin ich erst mal ich. Eben das herauszufinden, ist die seltene Kunst und kann einen auch ein ganzes Leben beschäftigen. Ich glaube, wenn ich wirklich wüsste, wer ich wirklich bin, dann hätte ich das Rätsel sämtlicher Philosophen geknackt. Deswegen kann ich diese Frage nicht so einfach beantworten. Jetzt arbeite ich daran, herauszufinden, wer ich bin, und wenn ich das einmal weiß, dann werde ich das auch richtig schön pflegen.

https://alex-fischer-duesseldorf.de

Gerald Hörhan

Der selbsternannte „Investmentpunk" ist mehrfacher Bestseller-Autor, aber in erster Linie bekannt als Immobilieninvestor, Speaker und Coach in seiner eigenen Akademie. Seine Thesen sind radikal formuliert, wodurch er extrem polarisiert und bei Vorträgen sogar schockiert.

Dave: Gerald, stell dir vor, wir sehen uns in drei Jahren wieder. Was für eine Person bist du dann?

Gerald: Also, in drei Jahren habe ich mich sicherlich bezüglich Geist und Ausbildung weiterentwickelt, meine Skills noch deutlich verbessert und meine Reichweite und auch mein Vermögen weiter erhöht. Meine grundlegenden Charakterzüge werden ähnlich bleiben. Ich hoffe, dass ich möglichst viele Leute mit meinen Videos, Büchern, Beiträgen und Seminaren motivieren kann, etwas aus ihrem Leben zu machen und richtig Gas zu geben.

Dave: Vervollständige bitte diesen Satz für mich: „Schule ist für mich …"

Gerald: Schule ist für mich eine Bildungsinstitution. Für viele Leute hört die Bildung mit Ende der Schule oder Ende der Uni auf. In der heutigen Zeit aber sind laufende Weiterbildung, laufende Veränderung und Training absolut notwendig, um erfolgreich zu werden und vor allem auch zu bleiben. Viele Leute vergessen das. Leider ist unser Schulsystem vollkommen ungeeignet, um junge Menschen auf die Herausforderungen der globalen und digitalen Ökonomie vorzubereiten, und es konditioniert die Menschen negativ.

Dave: Okay. Wenn du jeden Tag nur noch höchstens eine Stunde arbeiten dürftest, was würdest du in dieser Stunde tun?

Gerald: Jeden Tag nur eine Stunde arbeiten? Das kann ich mir gar nicht vorstellen, weil ich jeden Tag eher 15 oder 14 Stunden arbeite, und das auch sehr, sehr gerne. Aber wenn ich nur eine Stunde arbeiten dürfte und Weiterbildung nicht als Arbeit zählt, dann würde ich auf jeden Fall die Zeit dafür verwenden, um das zu machen, was ich auch jetzt mache, nämlich möglichst vielen Menschen wirtschaftliche und digitale Bildung weiterzugeben und beizubringen. Das ist sicherlich sowohl eine erfüllende Tätigkeit als auch etwas, was eine große gesellschaftliche Notwendigkeit hat.

Dave: In was für einer Fernsehsendung wärste du gerne? Von Kochsendung bis Actionfilm ist alles erlaubt, und was würde in dieser Fernsehsendung inhaltlich passieren?

Gerald: Weil ich kaum Fernsehsendungen schaue, kann ich die Frage nur begrenzt beantworten. Aber wenn, dann wäre ich am liebsten in den Abendnachrichten mit irgendeiner geilen Aktion.

Dave: Okay. Stell dir vor, du würdest heute deinen persönlichen Highscore deines Lebens angezeigt bekommen. Was denkst du, wo würdest du besonders punkten?

Gerald: Also Highscores, glaube ich, könnte ich in einigen Bereichen bekommen. Nummer eins: Disziplin, Umsetzungsstärke, Arbeitseinsatz. Nummer zwei auf jeden Fall, dass ich vielen Leuten wirtschaftliche und digitale Bildung beibringen kann, dass ich komplexe Inhalte einfach darstellen kann, dass ich gut mit Geld umgehen kann, ein Händchen für das Geldverdienen habe und vermögend bin und dass ich mit meinen Aktivitäten einen positiven Impact habe. Das wären, glaube ich, sicherlich viele Highscores. Auch dazu gehört noch, was mir sehr wichtig ist, dass ich ehrlich bin, dass ich Handschlagqualität habe. Ich bin verlässlich.

Dave: Du darfst dich mit nur einem Hashtag beschreiben. Welcher ist das und warum?

Gerald: Den Hashtag, mit dem ich mich beschreiben würde, den gibt es schon, der heißt #InvestmentPunk. Dazu gibt es auch viele Beiträge und er fasst meine Person und mein Leben auch ziemlich gut zusammen.

Dave: Welche verstorbene Persönlichkeit würdest du gerne treffen und was würdest du sie fragen?

Gerald: Als Investmentbanker würde ich sagen: J. P. Morgan, und ich würde ihn fragen, wie er in so kurzer Zeit solch ein Imperium aufgebaut hat und wie er es gleichzeitig geschafft hat, in seinen Entscheidungen trotzdem noch moralisch korrekt zu sein; wie er den Konflikt gelöst hat, seine Macht verantwortungsvoll auszuüben.

Dave: Was tust du, um nicht normal zu sein?

Gerald: Durchschnittlich normal – das bin ich nicht und nie gewesen. Dafür brauche ich auch gar nichts zu tun. Was ich aber schon tun muss, ist, mich laufend zu verändern und mich laufend herauszufordern. Das mache ich aus eigenem Antrieb und Disziplin, weil ich klare Ziele habe, die ich erreichen will. Zusätzlich habe ich auch noch einen Coach, der mich regelmäßig motiviert und auch teilweise richtig tritt, um eben genau das zu tun, mich laufend zu challengen, laufend geistig herauszufordern und auch laufend zu verändern.

Dave: Meine Oma sagte immer: „Über Geld spricht man nicht. Geld hat man." Wie sprichst du über Geld und wie oft tauschst du dich darüber aus?

Gerald: Ich spreche sehr offen und klar über Geld. Ich lehre, wie man Geld verdient, wie man Firmen aufbaut, wie man Geld sorgsam investiert, wie man finanziell unabhängig wird. Demnach gehöre ich zu den Leuten, die sehr offen und klar über Geld sprechen. Ich glaube auch durchaus, dass mehr Transparenz im Bereich Vermögen sehr wichtig ist. Denn in unserer Gesellschaft werden oft die wichtigsten Themen – dazu zählen heikle private Themen: Ego, Macht und Geld – immer tabuisiert. Aber genau das sind auch immer die Themen, die unsere Gesellschaft auf allen Ebenen massiv beeinflusst haben. Ich sage immer: „Money, Pussy, Power and Prestige" – darüber wird nicht gesprochen, aber das ist das, was die Welt bewegt.

Dave: Was sind deine wichtigsten drei Fähigkeiten, die du der nächsten Generation unbedingt mitgeben möchtest?

Gerald: Nummer eins: Jeder sollte etwas aus seinem Leben machen und es vermeiden, Durchschnitt zu werden und irgendwo plan- und ziellos herumzuschwirren. Stattdessen sollte jeder aus seinem Leben, seinen Fähigkeiten und seinen Möglichkeiten das Optimale rausholen. Das Zweite, was ich mitgeben will, sind ein sorgsamer wirtschaftlicher Umgang und eine solide wirtschaftliche Basis. Auch das haben sehr viele Leute nicht. Das Dritte, vielleicht sogar das Wichtigste, ist, dass man ethisch und moralisch korrekt handelt. Das ist insbesondere in den Zeiten der digitalen Ökonomie – wo nicht immer ganz klar ist, was gut und was böse ist, was ethisch verwerflich ist und was nicht – besonders wichtig. Dazu bedarf es sowohl einer sorgsamen Abwägung als auch viel Verständnis für die digitale Ökonomie und deren Herausforderungen. Dafür bedarf es eines ordentlichen Charakters. Wenn ich diese Fähigkeiten an die zukünftige Generation weitergeben kann, freut mich das sehr.

Dave: Wieso bleibst du nicht einfach, wie du bist?

 Gerald: Diese Frage kann ich nur mit einem Schmunzeln beantworten. Denn ich bin einfach so, wie ich bin. Ich verstelle mich nicht. Ich verbiege mich nicht. Ich sage das, was ich denke, ich bin authentisch so, wie ich bin. Deswegen bin ich vermutlich auch so erfolgreich, weil ich eben keine Maske aufhabe und der Gesellschaft was vorspiele, sondern genau das mache, woran ich Spaß habe, worauf ich Lust habe und was mir Freude macht.

„Wenn ich dabei sein soll, muss es richtig geil sein!"
Gerald Hörhan

Dr. Stefan Frädrich

Stefan ist der Erfinder von „Günter", dem inneren Schweinehund, und von der Marke „Gedankentanken", bekannt für grandiose Rednerformate. Stefan ist Doktor der Psychologie, aber er arbeitet schon lange nicht mehr in der Praxis, stattdessen steht er auf den Bühnen der Republik. Er ist übrigens auch der Grund, weshalb ich aufgehört habe zu rauchen ...

Dave: Stell dir bitte Folgendes vor: Wir sehen uns erst in drei Jahren wieder. Was denkst du, was für eine Person bist du dann?

Stefan: Ich glaube, ich bin in drei Jahren im Kern die gleiche Person wie jetzt, weil ich schon glaube, dass ich eine relativ stabile Persönlichkeit habe, die sich auch die letzten 46 Jahre nicht wesentlich verändert hat. Es gibt also keine größeren Überraschungen. Vielleicht bin ich in drei Jahren noch ein bisschen cooler, ein bisschen abgeklärter. Hoffentlich noch in dem einen oder anderen Bereich ein bisschen glücklicher, ein wenig sortierter. Wobei all das Jammern auf recht hohem Niveau ist. Ich würde mich eigentlich insgesamt als rundum zufriedenen Menschen bezeichnen oder zumindest in den meisten Bereichen des Lebens. Da haben ja viele Leute, glaube ich, auch einen Stachel im Fleisch, weil sie versuchen, jemand anderes zu sein als der, der sie sind. Ich bin aber eigentlich ganz gerne der, der ich bin. Immer, wenn ich in bestimmten Lebensphasen den Eindruck hatte, dass ich in einer Sackgasse stecke und nicht mehr der bin, der ich bin, dann ging es mir eigentlich so scheiße, dass ich dachte: Sei einfach wieder du. Also, wenn sich die Welt hier normal weiterdreht und uns nicht der Himmel auf den Kopf fällt oder irgendwas anderes Schlimmes passiert, dann wird Stefan Frädrich auch in drei Jahren im Wesentlichen so sein wie jetzt.

Dave: Danke schön. Vervollständige bitte diesen Satz: Schule ist für mich ...

Stefan: Ja, was ist Schule für mich? Ich glaube, auf der einen Seite ist Schule eine notwendige Pflicht, auf der anderen Seite so eine Art Dressurstadion. Ich pendele da innerlich immer zwischen diesen beiden Betrachtungen hin und her. Also, auf der einen Seite ist es einfach notwendig, dass wir in die Schule gehen, denn wir gleichen uns da mit anderen Leuten ab. Das ist wichtig für Sozialkompetenz, die Art und Weise, wie du mit anderen zusammenkommst und wie du mit anderen Leuten klarkommst. Natürlich ist Schule aber für das Erlernen von bestimmten Grundqualifikationen einfach ein sehr wichtiger Ort. Ich erlebe das gerade bei meinem sechsjährigen Sohn. Der ist jetzt in der ersten Klasse und ich finde es total klasse, wie die in der Schule den Kindern Dinge beibringen. Also, sämtliche Vorurteile, die ich vorher gehabt habe, oder Befürchtungen, die ich hatte, haben sich glücklicherweise als falsch erwiesen. Vielleicht ist das ein Einzelbeispiel, speziell bei dieser Schule. Da sind nette Mitschüler, nette Eltern, total nette Lehrer. Alle sind sehr engagiert. Die achten auf die Persönlichkeit der Schüler, versuchen, sie in ihren Stärken zu erreichen. Ich habe den Eindruck, dass die Art und Weise, wie die Leute mit dem Lernen oder mit Leistung umgehen, bislang stimmt. Auch mein Sohnemann, obwohl jetzt schon ein Dreivierteljahr in der Schule, hat immer noch Spaß und geht jeden Tag gerne hin. Ich hatte noch kein einziges Mal eine Diskussion darüber, dass er da nicht hingehen will. Ich denke, für gewisse Grundqualifikationen, wie Rechnen, Lesen, Schreiben, Geschichte, gesellschaftliche Grundbedingungen, Naturwissenschaften und so weiter, ist Schule einfach ein schöner Ort, an dem man Menschen das beibringen kann. Gleichwohl ist mir natürlich bewusst, dass Schule ein paar Schwierigkeiten hat. Auf der einen Seite hat man natürlich eine Art Gleichstrom und „dressiert" Gleichdenker. Die Definition des Lehrplans hat nicht zwangsläufig etwas mit der Realität zu tun. Die Kinder bekommen in der Schule zum Teil Qualifikationen, von denen ich den Eindruck habe, dass man grundsätzlich noch einmal über das eine oder andere nachdenken sollte. Das ist aber, glaube ich, ein strukturelles Thema. Lehrpläne werden von Kultusministerien gemacht, das sind verbeamtete Menschen. Letztlich ist dieses ganze Wissensprinzip darauf aufgebaut, dass man irgendwann mal in die Uni kommt; man betrachtet sozusagen den Hochschulprofessor als die Krone der evolutionären Wissensschöpfung. Das ist natürlich Quatsch. Ich glaube, was Schule braucht und was langfristig auch die größte Herausforderung sein wird, ist die Möglichkeit, kreative Kinder, die intelligent Lösungen finden, langfristig zu „produzieren". Also auch lösungsorientierte, pfiffige, offene Menschen. Menschen, die in ihrer Persönlichkeit gereift sind oder die zumindest wissen, dass sie sich in der Persönlichkeit ihr ganzes Leben lang weiterentwickeln sollten, und eben nicht irgendwie in eine 08/15-Tretmühle reingehen wollen. Dafür braucht es aber so einige Qualifikationen: Offenheit, Lernbereitschaft, Neugier, Kooperationsbereitschaft, Kreativität. Ob das heute in der Schule Teil des Lehrplans ist, das wage ich mal zu bezweifeln. Ich denke, dass auch heute das Hauptziel der Ausbildung in der Schule ist, dass man Abitur hat und dann studiert und irgendwo in eine feste Stelle reinkommt. Themen wie Entrepreneurship, Unternehmertum, Kreativität etc. – das sind wahrscheinlich Themen, die derzeit immer noch unterrepräsentiert sind. Aber ich glaube, da gibt es viel qualifiziertere Leute, die zu diesem Thema Antworten geben können, als mich.

Dave: Wenn du an jedem Tag nur noch höchstens eine Stunde arbeiten dürftest, was würdest du in dieser Stunde tun?

Stefan: Jetzt ist die Frage, wie du Arbeit definierst. Ich persönlich habe diese Unterscheidung vor einigen Jahren aufgegeben. Ich habe festgestellt, ich lebe, während ich arbeite, und arbeite, während ich lebe. Wenn ich das jetzt mal so als die Quintessenz dessen betrachten dürfte, was meine persönliche Produktivität ausmacht, dann ist es, glaube ich, Folgendes: Dass ich Gedanken kondensiere und diese vermittle. Und zwar in Form von Videos und Vorträgen, in Audios oder Ähnlichem. Also, wenn ich diese eine Stunde wirklich zur Verfügung hätte, dann würde ich in irgendeiner Form Gedanken kondensieren und diese dann präsentieren.

Dave: In was für einer Fernsehsendung wärst du gerne? Von Kochsendung bis Actionfilm ist alles erlaubt. Was würde inhaltlich in deiner Fernsehsendung passieren?

Stefan: Mein Problem mit dieser Frage ist, dass ich den Bezug zum Fernsehen komplett verloren habe. Ich habe ja früher selber Fernsehen gemacht, anderthalb Jahre hauptberuflich. Ich war Coach in so Live-Coaching-Sendungen, war bei den einen oder anderen Shows als Gast oder als Talk-Gast auch in Talk-Sendungen mit dabei. Dennoch habe ich das alles komplett verloren. Dieser Bezug zum Fernsehen ist einfach derzeit nicht da. Aber ich glaube, wenn, dann wäre es irgendetwas mit Coaching, mit Weiterbildung, mit Inspiration. Vielleicht wäre ich ein Teil einer Speaking-Sendung, wo man Vorträge macht oder Wissen vermittelt. Vielleicht wäre ich auch Moderator einer Info-Sendung, in der man etwas Schlaues lernen kann. Sicherlich ginge es aber nicht nur um Unterhaltung. Wenn doch Unterhaltung, dann wäre ich vielleicht Schauspieler in einem Thriller. Dann gäbe es da Mord und Totschlag und etwas Spannendes. Aber die Wahrscheinlichkeit, dass das passiert, ist eher gering. Übrigens wollte ich tatsächlich auch früher mal Schauspieler werden. Das war einer meiner Berufswünsche. Ich habe Theater gespielt in der Schule und habe dann auch, als ich nach Köln gezogen bin, Anfang der 2000er Jahre, tatsächlich auch kleinere Komparsen-Jobs und kleine Sprechrollen in diversen TV-Produktionen gehabt. Aber das ist alles ewig her. All das findet in meinem Leben jetzt nicht mehr statt.

Dave: Stell dir mal vor, du würdest heute deinen persönlichen Highscore deines Lebens angezeigt bekommen. So wie beim Videospiel. Wo würdest du besonders punkten?

Stefan: Auweia. Highscores meines Lebens ... Ich glaube, wenn ich mich mit anderen vergleiche, dann bin ich ein bisschen individualistischer unterwegs und ein bisschen verspielter als die einen oder anderen. Ich glaube, das müssen andere beurteilen. Da hat man ja so seine blinden Flecke. Highscores meines Lebens ... Nun ja, wenn ich gucke, was ich so mache von morgens bis abends: Content fressen, irgendwie verarbeiten und präsentieren, auf Bühnen und bei Vorträgen. Einen besonderen Highscore hätte ich, wenn ich einen Vortrag halte. „Dem kann man eine Weile zuhören, dem Frädrich. Der ist vielleicht ganz gut." Ich versuche, durch „Gedankentanken" eine größere Plattform zu schaffen, anstatt nur im eigenen Saft zu schmoren. Es geht mir schon darum, die Trainings- und Coaching-Branche insgesamt ein bisschen größer zu machen und vielen guten Leuten eine Bühne zu bieten. Dadurch kann ich dann eben auch in der Welt viele Menschen mit einer ganzen Bandbreite von guten Gedanken erreichen. Vielleicht ist es ein Highscore, dass ich versuche, etwas zu machen, das der Allgemeinheit schon zugutekommt, von Nutzen für sie ist und dadurch Menschen sowie Organisationen weiterbringt. Diesen altruistischen Ansatz kann man mir schon unterstellen, glaube ich. Genauso wie ich glaube, dass ich eine ganz gute Performance abliefere, wenn ich auf einer Bühne stehe.

Dave: Du darfst dich mit nur einem Hashtag beschreiben. Welcher ist das und warum?

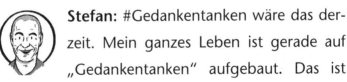

Stefan: #Gedankentanken wäre das derzeit. Mein ganzes Leben ist gerade auf „Gedankentanken" aufgebaut. Das ist meine Firma, mein Lebensinhalt, meine große Mission. Ich will gute Gedanken in die Welt bringen. Denn das ist eigentlich das, worum es mir geht. #Gedankentanken bringt dich weiter, soll die Welt weiterbringen. Das ist mein Zweck der Existenz.

Dave: Welche verstorbene Persönlichkeit würdest du gerne treffen und was würdest du sie fragen?

 Stefan: Es gibt viele Persönlichkeiten, die ich gerne befragen würde. Aber es gibt nicht diese eine verstorbene Persönlichkeit. Ich kann mir alles Mögliche vorstellen. Ich bin kein Anhänger von irgendwelchen Guru-Kulten oder Ähnlichem. Insofern übergehe ich die Frage jetzt einfach. Genauso wie mir immer wieder die Frage gestellt wird: Welche drei Bücher sind die Top-Bücher deines Lebens? Oder welche sieben Tipps hast du? Darauf stehe ich gar nicht. Was de facto der Fall ist: Ich lese sehr viel, auch Biografien von noch lebenden Personen sowie von toten Personen, und würde einfach jedem raten, sich einfach generell mit anderen Menschen, mit erfolgreichen Persönlichkeiten zu beschäftigen und das als Daueraufgabe in seinem Leben anzusehen und nicht diese eine Persönlichkeit, die da verstorben ist, zu fragen.

Dave: Was tust du, um nicht normal zu sein?

 Stefan: Diese Kategorisierung von „normal" habe ich für mich vor ein paar Jahren mal ganz anders definiert. Ich habe vor ein paar Jahren mal eine Antwort gefunden dafür: Es gibt drei Vorstellungen oder Definitionen des Begriffs „Norm". Das Erste ist eine Soll-Norm, eine Ist-Norm, eine statistische Norm und eine Sinn-Norm. Wir wollen mal definieren. Eine Sinn-Norm zum Beispiel ist: Im Verkehr sollten möglichst wenige Unfälle stattfinden. Deswegen definiert man die Soll-Norm Tempo-30-Zone. Die Ist-Norm ist: Viele Leute fahren da trotzdem 40, 50 oder 60. Deshalb habe ich mit dem Begriff „normal" ein Problem. Erstens: Was ist mit einer Sinn-Norm gemeint? Ich möchte ein Leben führen, welches mir entspricht, und irgendwas Sinnvolles in die Welt bringen. Dieser Sinn-Norm kann ich mich nur annähern, indem ich tatsächlich diese Dinge tue. Also ist meine Soll-Norm, dass ich ein Lebens-Setting finde, welches mir als Persönlichkeit ermöglicht, genau diese Dinge zu tun: „Gedankentanken" zu machen, Bücher zu schreiben, Vorträge zu halten etc. Das Ganze muss in der Gesamtarchitektur so aufgebaut sein, dass mir die Energien nicht ausgehen und dass die Performance langfristig stimmt. Die tatsächliche Norm sollte sich dieser Soll-Norm einigermaßen anpassen und sie sollten zusammenpassen. Ich bemühe mich redlich. Dennoch ist mir klar, dass das nicht der statistischen Norm vieler anderer Menschen entspricht. Demnach mache ich im Wesentlichen, was ich im Leben will. Ich habe keinen festen Arbeitgeber, keine festen Arbeitszeiten. Ich kümmere mich nicht um Feiertage, Wochenenden und Ähnliches. Ich führe ein im Wesentlichen freies Leben und versuche, meine Persönlichkeit so normal wie möglich zu leben. Das widerspricht den Normen vieler anderer Menschen. Insofern tue ich nichts, um nicht normal zu sein. Ich empfinde mich als normal, aber eben gemessen an meinen persönlichen Sinn-Normen, Soll-Normen und so, wie ich tatsächlich bin.

Dave: Meine Oma sagte immer: „Über Geld spricht man nicht. Geld hat man." Wie sprichst du über Geld und wie oft tauschst du dich darüber aus?

Stefan: Geld ist ein wichtiger Bestandteil meines Lebens. Wenn ich nicht über Geld sprechen würde – gerade im unternehmerischen Umfeld –, dann hätte ich Schwierigkeiten. Stichwort Liquiditätsplanung, Rentabilitätsberechnungen, rote Zahlen, schwarze Zahlen, Werbebudgets, Mitarbeiter-Budgets und so weiter. Nein, Geld ist einfach ein ganz normaler Faktor. Ich habe natürlich diverse Konten, diverse Pläne, diverse Investitionen und rede darüber mit meinem Umfeld. Ich glaube, dass das Thema Geld eines ist, worüber sich die meisten zu wenig austauschen. Gleichwohl ist Geld für mich jetzt nicht Lebenszweck oder Lebensinhalt. Ich glaube, dass Geld etwas ist, was, wenn du wirtschaftlich sinnvoll arbeitest, folgt, aber es ist nicht der Sinn, es ist nicht das Ziel. Ich arbeite also nicht, um Geld zu verdienen, sondern ich verdiene Geld mit dem, was ich tue. Wobei ich das, was ich tue, nicht als Arbeit empfinde. Natürlich sollten wir die Grundsätze beherzigen: mehr verdienen, als du ausgibst, was beiseitelegen, klug investieren, sich was Schönes gönnen im Leben, zum Geldkreislauf beitragen etc. Ich denke, das sollte klar sein.

Dave: Was sind deine drei wichtigsten Fähigkeiten, die du der nächsten Generation mitgeben möchtest?

Stefan: Ich glaube, eine Fähigkeit, auf die ich tatsächlich stolz bin, weil ich sie mir mühsam erarbeiten musste, ist, dass ich versuche, fächerübergreifend zu denken. Ich bin kein Fachidiot. Ich bin vom Typus her eher ein Generalist. Das heißt, typische Ausbildungen bringen einem ein Fach bei, ich hingegen habe schon in ein paar Branchen und in ein paar Tätigkeiten reingeschnuppert, so dass ich glaube, dass ich einen generalistischen Inhaltsansatz habe. Ich finde Marketing genauso interessant wie Psychologie, Unternehmertum und Gesundheit. Wenn wir uns in verschiedene Bereiche einarbeiten, glaube ich, dass wir im Leben ziemlich erfolgreich und glücklich sein können. Auf die gestellte Frage bezogen wäre die erste Geschichte vielleicht: Denke und lebe wie ein Generalist. Das Zweite ist, dass ich durchaus sehr produktiv bin. In den letzten Jahren habe ich dann meistens auch Ergebnisse produziert, wenn ich was angepackt habe. Und Produktivität hat immer was mit Fokus und Ja- und Neinsagen zu tun. Das bedeutet, dass man so eine gewisse Grundplanung braucht, eine Grundrichtung im Leben oder projektweise gewisse Grundrichtungen, einen langen Atem, die Dinge einfach immer wieder zu machen. Wenn dann klar ist, was wichtig ist, was weniger wichtig ist, dann ist man in eine bestimmte Richtung unterwegs und produziert Ergebnisse. Also, Grundproduktivität kann ich und das würde ich auch gerne anderen vermitteln. Es geht so einiges mehr, als die Menschen meistens glauben. Drittens: Ich glaube, dass ich die Fähigkeit entwickelt habe, relativ stark bei mir zu sein und mir auch zu glauben. Das ist nichts, was ich von heute auf morgen hatte. Ich musste auch erst lernen, dass mein Bauchgefühl, meine eigenen Interessen und das Gefühl dafür, was ich kann oder nicht kann, schon ganz gut so sind, wie sie sind. Denn die Ergebnisse am Ende haben immer gestimmt. Klar, lasse ich mich manchmal ablenken und denke: Soll ich mich hiermit beschäftigen oder damit? Aber ich bin dann relativ schnell wieder bei dem, was mich wirklich interessiert. Dadurch habe ich den Eindruck, auf dem richtigen Weg zu sein.

Dave: Wieso bleibst du nicht einfach immer, wie du bist?

Stefan: Das ist eine Frage, die sehr verschiedene Böden hat. Im Kern glaube ich, wie ich schon gesagt habe, dass die Persönlichkeit immer relativ stabil bleibt oder die Person, die wir sind. Bei mir wirst du immer eine gewisse Grundstabilität haben. Gleichwohl ist es wichtig, dass man im Leben ständig dazulernt. Also, streng genommen sind wir heute jemand anderes als gestern, und gestern waren wir jemand anderes als vorgestern. Deswegen werden wir auch in ein paar Jahren jemand anderes sein als heute. Aber die

Grundvoraussetzung dafür ist, dass man bereit ist, immer dazuzulernen; dass man sich selber immer wieder kritisch reflektiert und sich aus der Komfortzone begibt, dass man Neues dazulernt. Aber trotzdem bleibt man als Person immer wieder die gleiche. Wenn wir aus unserem Kopf herausgucken und wir sind 80 Jahre alt, ist da die gleiche Seele dahinter wie die, die da mit 40 oder mit 10 aus dem Kopf rausgeguckt hat. Das verändert sich nicht. Aber die Summe der Qualifikationen, der Erfahrungen, der Aha-Momente im Leben – all das entwickelt sich stetig weiter im Leben. Das muss auch so sein. Denn wenn Menschen über Jahrzehnte hinweg die gleiche Person bleiben, dann sind sie tot. Sie entwickeln sich nicht weiter. Man bleibt aber irgendwie immer der, der man ist. Gleichwohl ist es ein ständiges Nachjustieren und ein ständiges Sich-Weiterentwickeln. Wer das nicht kann, dem ist leider nicht zu helfen. Das Leben braucht ständig neue Qualifikationen und neue Aha-Erlebnisse. Permanente Selbstoptimierung – ich glaube, das ist wichtig. Der Kern der Persönlichkeit verändert sich jedoch nicht wirklich, denn sonst wäre es keine Persönlichkeit.

Michael Serve

Der Geld-Coach mit System, Erfahrung und Geld. Als mehrfacher Autor und Nummer-eins-Podcaster sorgt Michael für finanzielle Bildung und ein Mindset, das man sich auch leisten kann. Seine Inhalte bestechen durch einen hohen Wert. Er lässt keine Frage offen.

Dave: Stell dir bitte Folgendes vor: Wir sehen uns erst in drei Jahren wieder. Was denkst du, was für eine Person bist du dann?

 Michael: Eine interessante Frage. Allerdings dadurch, dass ich schon seit Mitte der 90er Jahre an meiner Persönlichkeit arbeite, und das auch sehr hart, wird sich wahrscheinlich nicht viel ändern. Ich werde mit Sicherheit noch weiter gefestigt sein. Ich werde mit Sicherheit mehr oder größer denken. Beispielsweise merke ich immer wieder, dass ich zwar schon sehr Out-of-the-Box denke, aber wenn ich mir zum Beispiel ein Interview von Dirk Kreuter anschaue, merke ich, dass der geistig noch mal ein ganzes Stück weiter ist. Deshalb wird sich diesbezüglich mit Sicherheit auch bei mir noch Einiges tun. Auch meine Lektüre verändert sich. Alleine auch aufgrund der Exponentialität der Sachen, die ich in den letzten zwei Jahren angestoßen habe, wird sich sicherlich ebenfalls einiges wandeln. Ich werde die Sachen noch effektiver abarbeiten, weil ich es auch muss. Der Grundstein hierfür ist bereits gelegt. Ich habe mir immer überlegt: Was wäre denn, wenn ich jetzt zum Beispiel so und so viel Wachstum hätte; könnte ich das bewältigen? Dadurch habe ich schon an meinen Standards viel gearbeitet. Deswegen wird sich auf diesem Feld nicht viel verändern. Aber logischerweise wird meine Persönlichkeit noch mal einen Schub machen.

Dave: Danke schön. Vervollständige bitte diesen Satz: „Schule ist für mich …"

Michael: Ich bin der Meinung, dass die Schule uns nicht unbedingt das lehrt, was wir für das Leben brauchen. Aber sie gibt uns die Grundlagen mit, die uns helfen, uns in der Gesellschaft zurechtzufinden. Das ist eigentlich Schule für mich. Natürlich auch, um Kontakte zu knüpfen. Aber ansonsten kommt es darauf an … Die staatliche Schule ist ein Muss, aber nicht unbedingt das, was Wachstum bringt. Wenn mit Schule auch gemeint ist, welche Maßnahmen ich ergreife, um mich selbst zu schulen, also Schule in Form von

Weiterbildung, dann ist das natürlich extrem wichtig. Denn wer nicht mit der Zeit geht, der geht mit der Zeit. Alles, was nicht wächst, das stirbt. Deshalb ist Bildung extrem wichtig. Bildung oder Wissen ist die Währung, die ewig währt, inflationsgeschützt ist und die mir hilft, durch Krisen durchzukommen, zu bestehen und Chancen zu sehen.

Dave: Wenn du an jedem Tag nur noch höchstens eine Stunde arbeiten dürftest, was würdest du in dieser Stunde tun?

Michael: Ich würde versuchen, zu schauen, was ich von den Abläufen her effektiver gestalten und was ich alles delegieren kann. Das wäre das Muss in meiner Firma. Sodass ich skalieren kann, ohne dass ich dabei sein muss. Die beste Firma ist die, in der der Chef nicht zugegen sein muss. Vorbild für mich wäre hier die Firma Kamps mit ihrer Bäckerei. Da hat der Chef gesagt: Okay, ich könnte jetzt eine Bäckerei alleine leiten oder ich suche mir zehn Filialen, setze dort Filialleiter oder Geschäftsführer ein und habe an jeder zehn Prozent. Dann habe ich zehnmal zehn und das ergibt auch 100 Prozent, aber ich selbst bin nicht mehr zugegen. Das heißt also, in dieser einen Stunde würde ich kreativ arbeiten, würde herausfinden, wie ich mein Unternehmen wachsen lassen, effektiver gestalten und noch besser delegieren kann. Wobei, eine Stunde ist schon relativ wenig, weil du da ja kaum in den Flow kommst. Das Gehirn arbeitet ja erstmal eine Weile, bis du richtig im Flow bist.

Dave: In was für einer Fernsehsendung wärest du gerne? Von Kochsendung bis Actionfilm ist alles erlaubt. Was würde inhaltlich in deiner Fernsehsendung passieren?

Michael: Ich wollte früher mal gerne in eine Talkshow. Aber mittlerweile bin ich kein Fan vom Fernsehen mehr. Zum einen, weil dort wahnsinnig viel manipuliert und vorgegeben wird. Und zum anderen, weil man teilweise seine Rechte abtritt. Dadurch können die Zuständigen das Material wieder so zusammenschneiden, dass es missverstanden werden kann, weil es aus dem Kontext herausgerissen wird. Von daher würde ich mich keineswegs mehr für eine Talkshow interessieren.

Dann sehe ich mich schon eher in einem Film, der unter die Haut geht. Ein Film, der Menschen mitreißt, nachdenklich macht, vielleicht sogar dem einen oder anderen, selbst dem Hartgesottenen, eine Träne rausdrückt. Das wäre so meins. „Brave-heart" vielleicht. Etwas Bleibendes, das wäre schon cool.

Dave: Stell dir mal vor, du würdest heute deinen persönlichen Highscore deines Lebens angezeigt bekommen. So wie bei Videospielen. Wo würdest du besonders punkten?

Michael: Ich weiß, dass ich mit meiner Arbeit bei meinen Kunden einen Weg gefunden habe, der wirklich zu 100 Prozent funktioniert, wenn man ihn als Werkzeug annimmt. Aber ich bin trotzdem noch nicht an meinem Highscore, zumindest noch nicht gedanklich. Ich würde das hier sogar eher auf den privaten Bereich übertragen. Gerade bei meinen Kindern, die jetzt in der Pubertät sind, bin ich der Prophet im eigenen Land. Da zählt dann nichts mehr. Aber zumindest habe ich bis zu diesem Punkt die richtigen Werte vermittelt, bis hierhin alles richtig gemacht. Auf diese mitgegebenen Werte können sie sich dann wieder besinnen, wenn die Phase der Trotzreaktion und der psychologischen Reaktanz vorbei ist.

Dave: Du darfst dich mit nur einem Hashtag beschreiben. Welcher ist das und warum?

Michael: Mir fällt als Erstes #hibbelig ein, weil ich extrem unruhig bin. Man könnte sagen, ich bin ein extremer Macher, der einfach immer und überall irgendwelche Baustellen aufreißt und sich gerne beschäftigt. Aber „hibbelig" klingt ein bisschen despektierlich. Besser ist: #Macher. Formulieren wir das also positiv. Ich bin einer, der absolut anpacken und inspirieren kann. Manchmal fehlt mir leider die Infrastruktur, das so umzusetzen, wie ich das will. Sehr genau bin ich auch.

Dave: Welche verstorbene Persönlichkeit würdest du gerne treffen und was würdest du sie fragen?

Michael: Es gibt Personen aus verschiedenen Bereichen, die ich gerne treffen würde. Im Bereich Komik wäre das für mich Loriot, da ich ein absoluter Loriot-Fan bin. Er legt einen wahnsinnigen Geist auf das Brett und verpackt Inhalte in Witzen, die Leute eigentlich angreifen, ohne sie wirklich anzugreifen. Er macht das auf eine wunderschöne Art, macht eine gewisse Misere bewusst und nimmt Leute auf die Schippe. Loriot wäre auf alle Fälle ein Mensch, den ich unheimlich gerne treffen würde.

Im unternehmerischen Bereich leben die, die ich gerne treffen würde, eigentlich alle noch. Ich würde mich gerne mit Helmut Kohl unterhalten. Ich würde ihn fragen: „Du, pass auf, wie war denn das wirklich?" Weil er ja zum Beispiel mal ein interessantes Zitat bei Biolek gebracht hat: „Du kommst nur ganz nach oben an die Spitze, wenn du zurechtgestutzt worden bist." Darüber würde ich gerne mehr erfahren – natürlich in der Hoffnung, dass er auch eine ehrliche Antwort gibt. „Wie läuft das mit der Politik in Deutschland wirklich? Also, ist das so, dass du wirklich nur verarscht wirst? Seid ihr auch am Volk dran? Seid ihr ehrlich? Oder ist es wirklich so, dass es hier bloß um Macht geht?" Diese Fragen würde ich Helmut Kohl stellen. Das ist eine meiner Persönlichkeiten hier in Deutschland. Die Frage nach seiner Moral, nach seinen Werten und nach dem, ob sie eben Täter sind, also ob sie das, was sie sagen, wirklich so meinen oder ob sie nur eine Rolle spielen und es wirklich nicht um Deutschland geht, sondern bloß um Politik und Wirtschaft.

 Dave: Was tust du, um nicht normal zu sein?

Michael: Sobald ich ich bin, bin ich schon nicht mehr normal. Das ist das, was ich vorhin mit dem „hibbelig" auch gemeint habe. Ich bin ein Hansdampf in allen Gassen. Auch mit der Form der Sprache, die ich in der Regel wähle, wenn ich es schaffe, authentisch zu sein. Das gelingt mir leider nicht immer. Wenn ich vor der Kamera stehe, dann bin ich manchmal zu angespannt, weil ich zu Perfektionismus neige. Aber was tue ich, um nicht normal zu sein? Ich bin Hobby-Pilot. Das ist auch nicht ganz normal. Ich bin mit meinem Beruf auch nicht normal. Wenn ich authentisch bin, bin ich definitiv nicht normal. Ich passe mich auch bei Kleidungsstilen nicht an.

 Dave: Meine Oma sagte immer: „Über Geld spricht man nicht. Geld hat man." Wie sprichst du über Geld und wie oft tauschst du dich darüber aus?

 Michael: Berufsbedingt spreche ich sehr, sehr viel über Geld. Ich rege dazu auch an und tausche mich viel mit anderen aus. Wenn einer was kauft, ist meine erste Frage oft: Was kostet das? Deswegen ist es für mich eigentlich Standard. Also, ich finde es schade, dass die Leute das nicht machen. Man kann daraus nur lernen, kann nur wachsen, wenn man sich über etwas unterhält und damit Wissen ansammeln kann. Das ist ja eigentlich normal. Über das, was uns weiterbringt oder weiterbringen sollte, reden wir. Da fragen wir Leute. Aber nur beim Thema Geld, da ist der Deutsche so ein bisschen – „devot" ist vielleicht der falsche Ausdruck –, ein bisschen verklemmt. Das sind diese alten Überlieferungen, die mehr als überholt sind, die kann man schon mal infrage stellen. Aber das betrifft mich berufsbedingt weniger.

Dave: Was sind deine drei wichtigsten Fähigkeiten, die du der nächsten Generation mitgeben möchtest?

Michael: Da gibt es auch wieder viele. Das eine ist, dass ich offen bin, sehr tolerant und die Fähigkeit besitze, mich auf den Stuhl eines anderen zu setzen. Das finde

ich sehr wichtig, gerade in Zeiten, in denen so viel gemeckert wird. Ich versuche, Verständnis für eine Situation aufzubringen und zu akzeptieren, dass jemand ein anderes Weltbild hat. Vielleicht macht mich das manchmal auch ein bisschen gutgläubig, weil ich dann zu optimistisch bin. Das aber ist ein Punkt, den ich gerne vermitteln möchte: offen zu sein für Neues, für andere Kulturen; deswegen aber nicht blauäugig zu sein, nicht die rosarote Brille aufzuhaben, aber offen und tolerant zu sein und nicht direkt Fremdes zu verurteilen. Das ist eine Fähigkeit. Als Zweites ist mir Loyalität ganz wichtig. Leider ist das ein Punkt, der ausstirbt. Aber es ist mir wichtig, dass ein Handschlag noch was zählt, dass ein Wort noch was zählt, dass ich mich drauf verlassen kann, dass ich mit Leuten spreche, wenn es Probleme gibt und das nicht irgendwo vergrabe. Es ist wichtig, etwas direkt anzusprechen, wenn es mir nicht passt – emotionsfrei, ohne den anderen anzugreifen. Einfach schildern, wie ich das aus meiner Sicht der Dinge, aus meinen Gefühlen heraus, sehe. Deshalb ist Loyalität ein zweiter Punkt.
Drittens bleiben Leistungsbereitschaft und Ehrgeiz

zu nennen. An seinen Zielen arbeiten, nicht aufgeben und wissen, dass es sich lohnt, dranzubleiben, aber auch wissen, dass ich auch was für mich tun muss. Das ist ein Programm, das ich verinnerlicht habe. Ohne Fleiß kein Preis. Natürlich steht mir auch zweifelsfrei zu, dass mir auch mal etwas zufällt. Das ist ein Punkt, der nicht im Widerspruch stehen muss. Aber Leistung zu bringen, ist etwas, was unsere Gesellschaft und unseren ganzen Lebensstandard voranbringt. Besonders, wenn Menschen Visionen haben, anpacken und den Ehrgeiz haben, etwas umzusetzen und zu Ende zu bringen, anstatt sich von jedem kleinen Fehler zurückwerfen zu lassen und zu resignieren oder in eine Schockstarre zu verfallen.

Das wären also die drei wichtigsten Fähigkeiten: Loyalität, Ehrgeiz und Offenheit.

 Dave: Wieso bleibst du nicht einfach immer, wie du bist?

Michael: Ich finde das immer lustig, wenn Leute sagen: „Bleib, wie du bist." Das ist eigentlich als Kompliment gemeint. Aber das ist Gift. Denn, wie bereits angesprochen, Wachstum und Veränderung sind einfach Bestandteil unseres Lebens. Es geht immer schneller. Nichts ist beständiger als der Wandel. Demnach muss ich mich anpassen können. Wie vorhin schon gesagt: Wer nicht mit der Zeit geht, geht mit der Zeit. Deswegen darf ich nicht so bleiben. Wenn die Welt sich ändert und ich so bleiben würde, wie ich bin, dann würde ich heute noch mit dem Faustkeil hinter Wildschweinen hinterherjagen. Aber Gott sei Dank war eben irgendwann einer so clever oder vielleicht auch so faul und bequem und hat sagt: „Du, ich finde Pfeil und Bogen doch irgendwie cooler. Dann brauche ich der Sau nicht so hinterherzurennen, sondern kann auf Distanz bleiben und sie dann eben so verfolgen." Genauso ist es überall anders auch. Nicht lamentieren und sagen: „Die und die laufen uns hier den Rang ab." Da muss ich eben beobachten, muss mich verändern, muss Strukturen verändern, muss Denkweisen verändern, logischerweise auch Handlungsweisen verändern. Ich kann neue Probleme, die auftreten, nicht mit den Fähigkeiten bewerkstelligen, die ich bis dato gehabt habe, um die alten Probleme zu lösen. Das geht nicht. Einstein hat gesagt: „Die Definition von Wahnsinn ist, immer wieder das Gleiche zu tun und andere Ergebnisse zu erwarten."

www.mehrvomgeld.de

Ben Ouattara

Ben hat viel ausprobiert, viel gesehen und dadurch letztendlich viel erreicht. Körperlich ist er eine wahre Maschine, doch er weiß, dass jeder Erfolg im Kopf beginnt. Sein Podcast motiviert Tausende mit dem Motto „Mach was einfach und mach es einfach …!"

Dave: Stell dir bitte Folgendes vor: Wir sehen uns erst in drei Jahren wieder. Was denkst du, was für eine Person bist du dann?

 Ben: Ich bin Motivational Speaker, Rapper, Filmemacher und Athlet. Das sind die Bereiche, in denen ich im Moment sehr aktiv bin. Hauptsächlich bin ich gerade Speaker und Coach. Ich helfe Leuten dabei, das Beste aus sich selbst rauszuholen. Gleichzeitig bin ich dabei, für mich jeden Tag das Beste aus mir selbst rauszuholen. Und ich finde das immer so interessant, wenn man sagt: Ich bin dies und das und sagt dann seinen Beruf. Ich bin, zum Beispiel, Filmregisseur, denn ich habe Filmregie studiert und ich habe hier in Dubai eine Filmproduktionsfirma aufgebaut. Diese Tätigkeit habe ich bis zum letzten Jahr gemacht. Aber dann habe ich angefangen, meine Personal Brand zu entwickeln. Deshalb finde ich es interessant, wenn man sagt: Ich bin ... – und dann sagt man das, was man gerade tut. Aber ist das, was man tut, nicht das, was man ist? Die Person, die ich bin, tief in mir drin, ist für mich immer wichtig. Mich selbst zu verwirklichen, immer mehr rauszufinden, was das ist, das, was mich ausmacht, und das auszudrücken in verschiedenster Form. Ich sehe mich als Künstler und ich passe mich immer den Umgebungen an. Man sagt, die Starken überleben. Ich aber denke, die Anpassungsfähigsten überleben. In der Natur ist es auch immer so gewesen, dass die Spezies, die sich beispielsweise den klimatischen Bedingungen nicht anpassen konnten, ausgestorben sind. Heutzutage ist es auch so, dass sich unsere Zeiten sehr schnell verändern. Die Wirtschaftslage verändert sich, der Markt verändert sich. Technologischer Fortschritt führt dazu, dass man in jeder Industrie flexibel sein und sich neu erfinden muss. Deswegen werde ich diesem Motto treu bleiben. Ich gehe nach vorne. Für mich gibt es nichts, das unmöglich ist. Wenn ich etwas in meinem Herzen habe, wenn ich etwas in meiner Seele habe, was ich erreichen will, dann ist es niemals unmöglich, und ich werde manchmal eine neue Form annehmen müssen, um da hinzukommen, wo ich hin will. Mein Hauptziel ist es, anderen Menschen zu helfen, diese Transformation in sich selbst auch durchzubringen. Aus diesem Grund habe ich alles, was ich bis jetzt gelernt und erfahren habe, vereint. Das heißt, ich stehe auf der Bühne und motiviere dadurch Menschen. Ich mache Musik, die Menschen motiviert. Ich erkläre Menschen, wie sie sich körperlich verändern können durch Fitness. Zusätzlich nutze ich meine Regie, um all dies zu visualisieren in Form von Filmen oder Videos. All dies möchte ich immer weiter ausbauen, sodass ich noch mehr Menschen erreichen und inspirieren kann, sich selbst zu verändern und die beste Version von sich selbst zu werden. Deswegen denke ich, dass ich in drei Jahren im Kern genau das Gleiche mache, was ich jetzt mache. Aber vielleicht wird sich die Form etwas verändern. Wie genau, weiß ich nicht, da bin ich wie Wasser. Ich passe mich meiner Umgebung an, damit ich einfach diese Message nach draußen tragen kann.

Dave: Danke schön. Vervollständige bitte diesen Satz: „Schule ist für mich ..."

Ben: Ich habe da zwei Perspektiven, was Schule ist. Ich nenne mich selbst einen Schüler des Lebens, denn ich sehe das Leben als meine größte Schule und den Faktor, der mir am meisten beigebracht hat. Aber natürlich gibt es auch die traditionelle Schule. Natürlich bin ich auch zur Schule gegangen. Das Interessante ist, dass ich in verschiedenen Ländern zur Schule gegangen bin. Zum einen bin ich an der Elfenbeinküste groß geworden. Da bin ich in der Schule gewesen, und zwar im französischen System. Dann war ich in Belgien und Deutschland. Tatsächlich muss ich sagen, dass ich nie wirklich sehr motiviert oder sehr inspiriert war, zu lernen. Lernen habe ich immer als etwas Negatives angesehen, etwas, was ich machen muss. Heutzutage ist es das Gegenteil. Ich liebe es zu lernen, zu wachsen. Ich lese so viel und lerne einfach von draußen. Zudem habe ich mich gefragt, warum das so ist. Wenn man das Wort „Motivation" herunterbricht, bedeutet es Folgendes: Das Motiv für ein Aktion. In der Schule hatte ich dieses nicht, vielleicht lag es an meinen Lehrern. Vielleicht gibt es andere Lehrer da draußen, die wundervoll sind, die das anders machen, bei mir war es allerdings so, dass ich nie wirklich wusste, warum ich eigentlich lerne. Warum muss ich diese ganzen Tests bestehen? Ich wusste gar nicht, was mein Ziel ist. Bei mir ist es immer so, man sagt: Der Weg ist das Ziel. Aber da muss man nur den Weg gehen. Ich habe nicht verstanden, was das Ziel ist, ich habe nicht das Ziel im Weg gefunden. Heute ist es so: Wenn ich irgendwas erreichen will, wenn ich ein Ziel habe und dann nicht weiß, wie ich da hinkomme, dann muss ich bestimmte Sachen lernen, die mich auf meinem Weg Step by Step begleiten. Das ist Fortschritt und dieser Fortschritt motiviert unglaublich. In der Schule habe ich das jedoch nie wirklich gespürt. Des Weiteren habe ich es als sehr negativ empfunden, dass die Schule mich und meine Umgebung zu einem Perfektionisten gemacht hat. Schaut man sich dieses Prinzip genauer an, ist es so, dass man dir Stoff gibt, den du lernst. Wenn du diesen Stoff gut genug gelernt hast, dann bestehst du den Test. Die Schlussfolgerung daraus war: Habe ich den Test nicht bestanden, habe ich also nicht gut genug gelernt und nicht gut genug recherchiert. Denn die Antworten gibt es alle schon. Ich muss sie nur studieren und lernen. Darauf wurde ich konditioniert. Aber im Leben ist es genau das Gegenteil, besonders, wenn du etwas Neues erfinden willst, wenn du etwas kreieren willst, wenn du deinen eigenen Weg kreieren willst und nicht einfach einen Weg, der schon vorgelegt wurde. Das ist super, wenn du in einer Firma arbeitest, wenn du ein Management hast, das dir jeden Tag sagt: Mach dies und das. In einer solchen Situation musst du keine Entscheidungen treffen. Aber wenn du deinen eigenen Weg gehen willst, dann ist die Schule des Lebens so, dass du niemals die Fragen zum Test im Voraus bekommst, sondern der Test ist der Weg. Der Weg ist das Ziel. Der Weg ist der Test. Auf diesem Weg wirst du Fehler machen, wirst du Sachen ausprobieren müssen, musst du mutig sein, musst du etwas wagen. Das heißt, ehrlich gesagt hat mich die Schule, was meine Ziele angeht, in meinem Mindset gebremst, weil ich immer vorbereitet sein musste. Ich dachte immer, ich bin nicht ready, ich muss noch mehr wissen, ich muss andere Leute fragen, ich weiß noch nicht genug. Und wenn ich gescheitert bin oder Sachen nicht klappen wollten, dann habe ich es direkt abgestempelt und dachte: Ich weiß einfach nicht genug. Ich muss wieder zurückgehen. Im Leben aber habe ich gelernt, dass du nur wächst, während du den Weg gehst. Fehler machen und Anpassen sind ein Teil davon; deswegen ist für mich das Leben die Schule.

Dave: Wenn du an jedem Tag nur noch höchstens eine Stunde arbeiten dürftest, was würdest du in dieser Stunde tun?

 Ben: Ich kenne eine Illustration aus Japan, die ein Prinzip verkörpert, welches sich Ikigai nennt. Dieses muss man sich wie folgt vorstellen: vier Kreise, welche miteinander verbunden sind. Ein Kreis oben, einer unten, einer links und der vierte rechts. Alle vier sind miteinander verbunden und treffen sich an den jeweiligen Schnittstellen. Aber nur in der Mitte treffen alle Kreise zusammen. In einem der Kreise steht geschrieben: „Was ich liebe." In dem zweiten: „Was die Welt braucht." Weiter: „Wofür ich bezahlt werden kann." Und im letzten: „Worin ich gut bin." Durch die Verbindung der Kreise gibt es immer eine Überkreuzung. Zum einen existieren Faktoren, die ich liebe und in denen ich gut bin. Aber vielleicht braucht die Welt diese Faktoren nicht oder ich kann damit kein Geld verdienen. Zum anderen gibt es etwas, das die Welt braucht, mit dem ich Geld verdienen kann, aber ich bin nicht gut darin. Weiter gibt es Dinge, in denen ich gut bin und mit denen ich Geld machen kann, aber ich liebe sie nicht. Das Ziel hinter diesem Prinzip ist, für sich herauszufinden, was die Sache ist, die man liebt, in der man gut ist, die die Welt braucht und für die du bezahlt wirst. Wenn du das herausfindest, hast du das Herz von Ikigai erreicht. Wenn ich nur eine Stunde am Tag etwas machen könnte, dann würde ich herausfinden, was für mich diese einzigartige Fähigkeit ist, diese einzigartige Tätigkeit, die ich liebe, in der ich gut bin, die Menschen brauchen und für die ich Geld bekommen kann. Gibt es eine solche Sache auf meiner To-do-Liste, oder auch mehrere Sachen, die ich liebe und die die meisten Überschneidungspunkte mit den Aspekten von Ikigai hat, dann würde ich dies tun. Denn wenn es etwas gibt, in dem ich gut bin und das ich liebe, das die Welt braucht und für das ich bezahlt werden kann, dann ist das die beste Investition meiner Zeit. Es gibt Sachen auf dieser Liste, die auch gemacht werden müssen, weil sie Teil des Prozesses sind. Aber auch, wenn du gut in etwas bist, aber es nicht liebst, wirst du nicht so viel Herz, nicht so viel Leidenschaft und nicht so viel Zeit investieren. Wenn ein oder zwei von diesen Elementen fehlen, wirst du einfach nicht so lange am Ball bleiben können. Alles andere würde ich delegieren, für das würde ich jemanden finden. Aber ich würde es nicht an irgendwen delegieren; ich würde diesen Bereich an jemanden delegieren, der diese Sache, die gemacht werden muss, liebt und gut darin ist. Damit wäre auch der Aspekt, dass die Welt diese Arbeit braucht, erfüllt, da ich in diesem Fall sie brauche. Somit kann es im Weiteren der Welt helfen; dieser Partner wird bezahlt, wenn auch ich bezahlt werden kann. Also wird diese Person die vier Kreise auch für sich selbst anwenden können und, wenn sie ein Team hat, dieses Schema auch auf ihr Team übertragen. Das ist eine einzigartige Fähigkeit oder Tätigkeit und auf diese würde ich mich fokussieren.

Dave: In was für einer Fernsehsendung wärest du gerne? Von Kochsendung bis Actionfilm ist alles erlaubt. Was würde inhaltlich in deiner Fernsehsendung passieren?

Ben: Es gibt eine Fernsehshow, die schon etwas älter ist und die ich als Kind geschaut habe. Sie nennt sich „Fort Boyard" und stammt aus Frankreich. Das Konzept ist, dass verschiedene Teams in einem Schloss bestimmte Aufgaben bewältigen müssen. Manche dieser Aufgaben sind physisch, andere sind eher taktisch, in denen man zum Beispiel ein Rätsel lösen muss. All dies ist in einem altertümlichen Stil, passend zu dem Schauplatz, Schloss Fort Boyard, gehalten: mystisch, mit Magiern, Schlangen und Gruben. Am Ende bekommen die Teilnehmer eine Kiste voller Gold. Die Teams sind hierbei verschieden und arbeiten zusammen. Im Verlauf werden die Teams immer kleiner, da man nur ein bestimmtes Zeitfenster hat, um bestimmte Aufgaben zu meistern. Wer das nicht schafft, der wird dann eingesperrt oder es geht eine Tür zu, weshalb man dann nicht mehr weiterkommt. Als Kind habe ich diese Sendung geliebt, vor allem wegen ihrer Diversität.

Eine Sendung, die dieser noch am nächsten kommt, wäre vielleicht „Schlag den Raab" oder etwas Ähnliches. Nur, dass man dort gegen eine Person antritt. Anders als bei „Fort Boyard". Das ist wie ein Abenteuer, in dem jede neue Aufgabe ein neues, individuelles Miniabenteuer ist. Alles basiert auf Teamwork, denn man geht mit einem Team da rein, man kann nicht alleine gewinnen, sondern nur im Team. Mit Kraft alleine gewinnt man nicht. Es wird immer einer aus dem Team ausgewählt für eine Aufgabe. Muss man zum Beispiel ein Rätsel lösen, dann wird diskutiert: „Hier, dieses Mädchen ist die Schlauste von uns. Die ist richtig clever. Lass sie das machen." Bei anderen Aufgaben, die wiederum physischer Natur sind, wählt man zum Beispiel den sportlichsten oder stärksten Teilnehmer aus. Jeder fokussiert sich, hilft sich und unterstützt sich gegenseitig. Deswegen finde ich das super. Aber natürlich würde ich nicht einfach die Show nachstellen, sondern nur ihren Stil als Anhaltspunkt nehmen und eine eigene Show kreieren. Dass man beispielsweise, anstatt in einer Arena zu sein, ein Publikum hat, das einen anfeuert. Diese Interaktion liebe ich einfach. Auch dass der Schauplatz ein ausdrucksstarkes altes Schloss ist. Man hat Ketten und einen Untergrund, sodass man wirklich wie in einem Filmset in diese Welt eintaucht. Und wie im Leben muss man, wenn man an sein Ziel kommen will, die ganzen Aufgaben meistern. In der Show ist das Ziel die Kiste mit Gold. Das klingt zunächst schwer und anstrengend, aber wenn man ein cooles Team hat und das Ganze wie einen Sport, wie ein Spiel, ansieht, dann hat man richtig Spaß auf dem Weg. Das Ende, an dem man das

Gold bekommt, ist, nach den ganzen Abenteuern, fast schon der langweiligste Teil dieser ganzen Serie. Es geht darum, die Hürden zu überwinden. Wir alle spielen dieses Spiel in unserem eigenen Leben. Ich würde es das „Spiel des Lebens" nennen. Nur sehen wir es nicht als Spiel, weil wir so sehr in diesem einen Moment drin sind, den wir nicht haben wollen, dass wir nicht sehen, dass es eine Herausforderung ist, die uns besser macht und uns näher an das Gold, unser Ziel, bringt. Zudem würde ich eine Art Metapher bauen: Das Leben ist ein Spiel und das Spiel deines Lebens. Diese ganze Show müsste aber richtig cool gefilmt sein und auch eine einzigartige Kulisse haben, vielleicht ein Schloss oder etwas in der Art. So etwas würde ich einfach selbst kreieren.

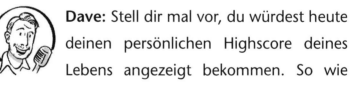

Dave: Stell dir mal vor, du würdest heute deinen persönlichen Highscore deines Lebens angezeigt bekommen. So wie beim Videospiel. Wo würdest du besonders punkten?

Ben: Mein Motto ist: Mach es einfach. Die persönlichen Highscores meines Lebens waren immer ein Resultat daraus, dass ich einfach gemacht habe. Situationen, in denen ich mir oft keinen Kopf gemacht habe, in denen ich einfach eine Entscheidung getroffen habe, in denen ich mir nicht bewusst war, was die Konsequenzen oder die Belohnungen sein können. In solchen Situationen bin ich immer am meisten nach vorne gekommen. Je höher ich mit meinem Horizont gekommen bin, desto schwieriger wurde es, da ich irgendwann sehen konnte, dass dort etwas endet und mir gleichzeitig bewusst war, dass es auch richtig schiefgehen könnte. Selbst, wenn es eine große Gelegenheit war, hatte ich Angst zu scheitern und habe deshalb sehr lange gebraucht und gezögert; ich wollte alles strategisch planen, damit bloß nichts schiefgeht. Aber viele meiner Erfolge, zum Beispiel Kurzfilme, die ich einfach mal so gedreht habe, entstanden ohne großen Druck. Das Motivationsvideo, welches ich auf YouTube hochgeladen habe, was einfach für ein Projekt war und das ich innerhalb von ein paar Tagen gedreht habe, hat sechs Jahre dafür gesorgt, dass ich meine Leidenschaft, meine Berufung gefunden habe, weil so viele Leute nach mir gerufen haben, die dieses Video gesehen haben. Hätte ich im Vorhinein gewusst, dass dieses Video 1.000 Leute sehen, hätte ich vielleicht zehnmal so lange gebraucht, es fertigzumachen. Aber ich glaube nicht, dass es besser geworden wäre. Vielleicht wäre es zwei Prozent besser geworden. Aber diese zwei Prozent hätten nicht sehr viel ausgemacht bei dem Impact.

Ich bin Botschafter für die Welt-Expo hier in Dubai geworden. Das hat mir in Bezug auf das Netzwerken viel gebracht, da ich beispielsweise viele Menschen aus der Regierung kennengelernt habe. Aber das war etwas, das ich über Nacht gemacht habe. Es sind immer diese Momente, in denen es einen Impuls gibt. Ich bin diesem Impuls oft gefolgt in der Vergangenheit, weil mir gar nicht bewusst war, dass es große Konsequenzen haben kann. Aber genau aus diesen Impulshandlungen entstanden immer die größten Dinge. Ich habe das nur einen Tag gemacht und so viel ist daraus entstanden. Immer, wenn mir bewusst war, worauf ich mich einlasse, habe ich sehr viel geplant, war ich sehr strategisch. Auch dann habe ich zwar große Erfolge gefeiert, aber das war fast schon erwartet, weil ich viel Zeit reingesteckt habe. Dabei steht es nicht immer in Korrelation, dass mehr reingesteckte Zeit und Energie auch mehr Erfolge bringen. Manchmal brauchst du einfach nur mehr Mut. Ich denke, du musst sehr mutig sein, wenn du selbstständig bist, und manchmal sogar ignorant, in dem Sinne, dass du dir überhaupt keine Gedanken darüber machst, was als Nächstes kommt, sondern dass du es einfach machst. Dann bekommst du ein Feedback und veränderst, beruhend darauf, was verbessert werden kann, und machst es nochmal. Jedes Mal, wenn ich so verfahren und nicht zu lange nachgedacht habe, wenn ich in meinem Herzen gespürt habe, dass es das ist, was ich machen muss, selbst wenn alle anderen gesagt haben, ich sei verrückt, habe ich gedacht, dass ich es einfach mache. Was hatte ich schon zu verlieren? Diese Situationen brachten die größten Erfolge. Deswegen würde ich sagen, meine Highscores sind immer in direkter Verbindung mit der Kürze an Zeit, die ich gebraucht habe, um zur Handlung zu schreiten.

Dave: Du darfst dich mit nur einem Hashtag beschreiben. Welcher ist das und warum?

 Ben: Ein Hashtag, mit dem ich mich beschreibe, ist mein persönlicher Hashtag: #Iampossible. Auf Englisch steht „impossible" für „unmöglich". Doch „I am possible" heißt, wenn man das „I" und „am" ausspricht: Ich bin möglich. Beziehungsweise: Ich mache es möglich. Genau das ist für mich, was mein Leben ausmacht, was meine Message nach draußen ausmacht. Nichts ist unmöglich. Aber es heißt auch nicht: Alles ist möglich. Nein, nicht alles ist möglich. Die eigentliche Frage ist: Für wen ist alles möglich? Für den, der es möglich macht! Deswegen: I am possible. Und „I am" heißt ja auch „Ich bin." Wer bin ich? Wer, glaubst du, bist du? Deswegen finde ich das so stark, denn wir definieren uns selbst. Wenn ich sage: „Ich bin Schriftsteller" oder „Ich bin Arzt", heißt es dann jetzt, dass du, wenn du deinen Job wechselst, eine andere Person bist? Du bist doch immer noch die gleiche Person. Du tust nur etwas anderes. Aber das, was du dein Leben lang getan hast, ist oft für dich eine

Limitierung für das, was du glaubst, wer du sein kannst. Nur weil du damals nicht kreativ warst oder noch nie etwas gemacht hast, was in eine bestimmte Richtung geht, denkst du: Ich kann das nicht. Ich bin nicht diese Art von Mensch. Was du glaubst, das ist deine Realität. Die Leute sagen manchmal: Was, glaubst du, wer du bist? Die Antwort darauf wird dir sagen, ob etwas für dich möglich ist oder nicht. Eine andere Person kann weniger Geld haben, weniger Connections, weniger Wissen, weniger Schulbildung, aber wenn diese Person an sich selbst glaubt, dann wird es ihr gelingen. Deswegen ist dieses „I am", „Wer bin ich?", so wichtig. Für sich selbst immer weiter herauszufinden, wer man ist, ist wichtig. Je mehr Sachen ich in meinem Leben begegne, desto mehr finde ich über mich selbst heraus. Mehr Situationen und vor allem schwierige Situationen zählen dazu. Schwierige Situationen bringen dich zum Wachsen, genau wie ein Muskel, der durch Ausdauer oder durch ein Gewicht dazu gepusht wird, mehr Leistung zu bringen. So ist es auch mit uns als Menschen; wir wachsen durch unsere Aufgaben und das verändert natürlich auch, was wir über uns selbst glauben. Wenn du bestimmte Sachen machst, die du letztes Jahr nicht gemacht hast, verändert das auch dein Bewusstsein. Deswegen ist es so wichtig. Es gibt nichts, was unmöglich ist, aber es gibt auch nichts, was möglich ist. Das alles hängt ab von der Person, die es möglich macht. Alles, was existiert, wurde von einer Person kreiert. Du hast die Macht, wenn du nur daran glaubst. Deswegen ist mein Hashtag: #Iampossible

Dave: Welche verstorbene Persönlichkeit würdest du gerne treffen und was würdest du sie fragen?

Ben: Eine verstorbene Person, die ich sehr gerne treffen würde, mit der ich eine Woche oder einen Monat verbringen würde, ist Bruce Lee. Ich würde sehr gerne mit Bruce Lee trainieren. Ich bin schon ein Fan von ihm gewesen, als ich noch ein Kind war. Mir gefällt die Art und Weise, wie er gedacht hat, wie leidenschaftlich er darin war, seine eigene Botschaft nach vorne zu bringen. Er war ein Student der Philosophie und hat sehr viel gelesen. Sein ganzes Konzept der Kampfkunst, dieses Jeet Kune Do, habe ich für mich in meinem Leben übernommen.

Er wollte den perfekten Kampfstil entwickeln und hat sich jeden einzelnen Kampfsport angeguckt, ihn studiert, für sich das Beste rausgepickt und seinen eigenen kreiert. Denn er hat gesagt, dass durch Tradition und Gewohnheiten sehr viele Leute in ihrem Stil einfach gefangen bleiben und die anderen Stile überhaupt nicht studieren. Tradition bricht den Fortschritt. Außerdem sagte er, wenn er der beste Kämpfer werden will, dann muss er aus allem etwas rauspicken, aber es nicht komplett assimilieren. Das heißt, man soll übernehmen, was sinnvoll ist und wegwerfen, was sinnlos ist. „Absorb what's useful, reject what's useless." Zudem soll man das hinzufügen, was notwendig ist. „And add what's essential." Um zu wissen, ob etwas nützlich ist oder nicht, musst du es erst mal studieren. Du kannst dir nicht etwas anschauen und daraufhin beurteilen, ob es sinnlos ist, sondern du musst es ausprobieren und testen. Genau das hat Bruce Lee im Kampfsport gemacht. Ich habe viele Interviews gesehen; es gibt zwar nicht sehr viele, aber von denen, die es gibt, habe ich alle zu allen möglichen Themen gesehen. Das fand ich extrem inspirierend damals. Könnte ich ihn treffen, würde ich ihn viele Sachen fragen, weil es noch so viel gibt, über das er nur ansatzweise gesprochen hat, über das ich mehr erfahren möchte, weil ich denke, dass er ein sehr starker Denker war. Obwohl viele Leute ihn eigentlich nur als Schauspieler und aus dem Kung-Fu-Bereich, also als Kämpfer kennen. Diese Anpassungsfähigkeit habe ich in meinem Leben übernommen, denn ich denke, es ist wirklich wichtig, dass wir von anderen Menschen lernen und Bücher lesen, studieren, was es vor uns gab, aber es geht nicht darum, es eins zu eins zu übernehmen, sondern nur das rauszupicken, was wirklich funktioniert, was wirklich unseres ist und das weglassen, was nicht funktioniert. Manche Leute lehnen einfach einen kompletten Stil oder ein komplettes Prinzip ab, nur weil denen zwei, drei Elemente nicht passen oder auch der Charakter einer Person nicht passt. Übernehme das, was dich weiterbringt, übernehme das, was richtig ist. Lass das weg, was nicht funktioniert, und füge das hinzu, was fehlt. Gandhi hat gesagt: „Be the change you want to see in the world." Sei die Veränderung, die du in der Welt sehen willst. Ich sehe das nicht nur in großen Sachen, sondern auch in kleinen. Wenn es ein Produkt gibt, eine Dienstleistung, einen Gedanken, irgendetwas, bei dem du denkst, es fehlt etwas, dann bring doch diese Veränderung, von der du glaubst, dass die fehlt, und kreiere etwas Neues. Viele Leute beschweren sich nur. Aber kreiere bzw. ändere doch das, was du glaubst, was falsch ist oder was fehlt, und bringe die Veränderung, anstatt nur auf die Schwächen hinzuweisen, ohne Stärken zu kreieren. Deswegen also Bruce Lee; mit dem, denke ich, würde ich eine tiefgründige Konversation haben und richtig cooles Training.

Dave: Was tust du, um nicht normal zu sein?

Ben: Nichts. Ich bin sowieso schon nicht normal, sondern einfach ich selbst. Das werde ich mal ganz kurz erklären. Keiner ist normal, weil jeder einzigartig ist. Aber ich bin an der Elfenbeinküste groß geworden. Meine Eltern haben verschiedene Nationalitäten. Meine Mutter beispielsweise ist aus Deutschland. Aber was ist eigentlich die Definition des Wortes „normal"? Der Norm entsprechend. Da frage ich mich: Was ist normal? Was ist der Durchschnitt? Das kommt auch immer drauf an, wo man ist. Was in Deutschland normal ist, ist nicht unbedingt normal in Dubai. Was für reiche Leute normal ist, ist nicht normal für arme Leute. Was für Leute, die sehr fit sind, normal ist, ist für Leute, die nie Sport machen, nicht normal. Das heißt, es kommt immer drauf an, was dein Standard ist und der Standard der Menschen um dich herum. Bei mir ist es einfach so, dass ich zwischen Kulturen groß geworden bin. Ich bin in Afrika gewesen, bin aber halb schwarz, halb weiß. Das heißt, ich bin so oder so nicht normal, weil ich der Norm nicht entspreche und heraussteche. Danach bin ich nach Deutschland gekommen und bin ein Deutscher, aber ich sehe nicht aus wie die meisten Deutschen. Also steche ich auch hier wieder heraus. Auch bei meinem Verhalten, bei dem, was ich kann. Ich spreche fünf Sprachen. Das ist nicht normal für viele Leute. Ich habe für mich sehr viele kulturelle Sachen angenommen von sehr vielen Umgebungen, in denen ich war. Damals war es so, dass ich immer so sein wollte wie alle anderen. Ich war sehr introvertiert, schüchtern und nicht sehr selbstbewusst. Das kam daher, dass ich immer dachte, ich bin nicht normal und ich muss wie alle anderen sein. Ich muss normal werden, wie alle anderen sein. Aus diesem Grund habe ich mich nie getraut, was zu sagen, da ich nie wusste, wie ich mich in der Umgebung verhalten sollte. Dies war auch bedingt durch unsere vielen Umzüge. Meine Eltern sind viel umgezogen, als ich jünger war. Ich bin immer in eine neue Umgebung gekommen, war immer der Neue. Also musste ich immer erst einmal herausfinden, wie alles in dieser neuen Umgebung funktioniert. Ich konnte nicht einfach tun oder sagen, was ich wollte, weil ich Angst hatte, dass es das Falsche ist. Deshalb habe ich mich versteckt und zurückgezogen. Mit der Zeit habe ich gelernt, was an mir nicht normal ist. Es ist so ähnlich wie das Bruce-Lee-Beispiel, in dem ich beschrieben habe, dass du dir aus jedem Sport das Beste heraussuchst. Ich habe aus jeder Kultur, von jedem Menschen, mit dem ich Zeit verbracht habe, gelernt. Dazu sei gesagt, dass ich sehr viel Zeit mit Menschen verbringe, die viel älter sind als ich, die jünger sind als ich, aus verschiedenen Kulturkreisen, verschiedenen Religionskreisen, aus verschiedenen Ebenen. Leute, die Millionäre sind, oder Leute, die im Gefängnis waren, weil sie mit Drogen handelten. Ich kenne Leute aller Sorten, Rassen, Größen, Altersgruppen und Mindsets. Überall aber habe ich etwas gefunden, womit ich connecten kann und was ich eigentlich bin. Dafür muss ich mich nicht schämen. In manchen Situationen so, in anderen wieder anders. Deswegen habe ich gelernt, einfach ich selbst zu sein. Zum Beispiel mit meinen Jungs damals; als wir trainiert haben, haben wir immer super laut Rap-Musik gehört. Während des Trainings haben wir getanzt und gerappt zwischen den Übungen, zwischen den Sätzen. Wenn ich jetzt im Fitnessstudio bin, meine Kopfhörer aufhabe und meine Musik höre, tanze ich im Gym. Viele Leute gucken und sagen: „Boah!" Die finden das cool, ehrlich gesagt. Es ist nicht normal. Es fällt auf. Mir ist egal, was irgendwelche Leute denken, weil es von innen kommt. Aber ich merke, dass, je „unnormaler" ich bin, je mehr ich ich bin, egal, in welcher Form ich das ausdrücke, desto mehr bewundern andere Menschen das. Weil ich in der Lage bin, genau das zu machen, was ich will, egal, was andere denken. Aus diesem Grund denke ich, dass ich nicht normal bin. Denn wir sind alle wir selbst. Aber in dem Moment, in dem wir versuchen, uns anzupassen, werden wir normal. Irgendwann machen wir es so lange, dass wir glauben, dass wir eben das sind. Aber wenn wir zu dem zurückkehren, was wir eigentlich sind, diese Impulse, die wir manchmal haben, diese Gedanken, die wir manchmal haben, die wir nicht aussprechen, diese Handlungen, die wir nicht durchziehen, dann verstecken wir das Unnormale in uns, was eigentlich aber das Einzigartige ist. Das ist, wer du bist. Also, lass es raus.

Dave: Meine Oma sagte immer: „Über Geld spricht man nicht, Geld hat man." Wie sprichst du über Geld und wie oft tauschst du dich darüber aus?

Ben: Mein Opa hat immer gesagt „Viel Klein ist ein Groß", wenn er über Geld geredet hat. Eben das übertrage ich auf viele andere Sachen. Aber auch ich bin in einer Kultur groß geworden, in der man nicht wirklich über Geld spricht, in der es ein Tabu ist, in der man das Gefühl hat, es gibt etwas Schlechtes an Geld. Wie soll ich sagen? Es gibt mehrere Arten, über Geld zu sprechen. Sehr viele Leute reden über Geld, weil sie angeben wollen, weil sie einen Minderwertigkeitskomplex haben und weil sie sich vergleichen wollen mit anderen Menschen. Ich aber denke, dass Geld einfach nur ein Tool ist. Geld ist ein Mittel, ein Austauschmittel. Geld ist ein Mess-Tool, mit dem du einfach sagen kannst: Ich habe eine Dienstleistung, ich habe ein Produkt oder ich mache etwas so und dafür möchte ich das haben. Es ist also einfach ein Austausch. Ich habe gemerkt, dass ich Hemmungen hatte, bestimmte Zahlen zu nennen, über Geld zu reden. Ich habe auch gemerkt, dass Geld ein sehr großes Thema in meinem Leben war, weil ich nie wirklich viel Geld hatte und die Menschen um mich herum auch nicht. Deshalb wieder der Faktor der Menschen, mit denen man sich umgibt. Ich habe gemerkt, dass es sehr viele Leute gibt, die viel Geld haben und die über Geld reden mit Leuten, bei denen es Sinn macht, über Geld zu reden, beispielsweise, wenn du mit einem Mentor dasitzt und überlegst, wie du mehr Geld verdienen kannst. Das Lustige dabei ist, dass die Leute immer denken: Du willst mehr Geld verdienen, du bist geizig. Viele Leute denken so, wenn sie kein Geld haben. Aber du kannst gar nicht mehr Geld verdienen, wenn du nicht mehr Wert bringst für andere Menschen. Du musst also eine Leistung für andere Leute bringen, etwas kreieren, etwas, das für andere Leute von Wert ist, das anderen Leuten hilft und sie weiterbringt. Ohne das kannst du kein Geld machen. Wenn du das so siehst, heißt es eigentlich, dass du mehr Menschen helfen musst. So kannst du mehr Geld machen. Aber sehr viele Leute denken sehr egoistisch. Die denken: Ja, viele Leute, die viel Geld haben, die wollen alles für sich haben. Die sind geizig. Meine Erfahrung ist anders. Seitdem ich Leute kennengelernt habe, die sehr viel Geld haben, habe ich das verstanden. Vorher habe ich auch teilweise so negativ gedacht. Aber ich habe gemerkt, dass die Leute, die kein Geld haben, am meisten über Geld nachdenken und am gierigsten sind. Warum? Weil es lebensnotwendig für sie ist. Sie wissen nicht, wie sie am Ende des Monats ihre Miete zahlen sollen. Und deswegen ist Geld das Erste, woran sie denken, wenn sie aufwachen, und das Letzte, woran sie denken, wenn sie schlafen gehen. Jede Entscheidung, die sie über den Tag verteilt treffen, geht mit diesem Mangel an Geld einher.

Man sagt oft: Geld ist der Teufel. Ich aber sage: Der Mangel an Geld ist der Teufel. Dieses Bewusstsein sollte man nach vorne tragen. Es gibt Leute, die das missverstehen. Wenn man zu wenig Geld hat, ist es oft so, dass man einfach zu sehr auf sich selbst fokussiert ist und den anderen Menschen zu wenig hilft. Konzentrierst du dich aber auch auf die Probleme der anderen Menschen, dann wirst du keine Geldsorgen mehr haben, dann wird das Thema Geld auch nicht mehr so ein großes Thema in deinem Leben sein. Du fängst an, ein anderes Mindset zu kreieren. Geld-Mindset ist sowieso ein Thema für sich. Aber es ist sehr, sehr, sehr wichtig. Weil die meisten Leute – und ich zähle mich dazu – sehr lange ein falsches Bild darüber hatten und dachten, das sei Tabu, darüber rede man nicht.

Dave: Was sind deine drei wichtigsten Fähigkeiten, die du der nächsten Generation mitgeben möchtest?

Ben: Ich würde sagen, als Allererstes ist es Empathie, also in der Lage zu sein, mich in andere Menschen hineinzuversetzen. Das habe ich gelernt durch die Art und Weise, wie ich groß geworden bin. Wie bereits erwähnt, bin ich sehr oft umgezogen, war immer der Neue und habe immer beobachtet. Diesen Skill habe ich nicht entwickelt, weil ich mich außergewöhnlich stark für andere Leute interessiert habe, sondern aus Schutz, weil ich für mich selbst verstehen wollte, wie andere denken, wie andere sind, damit ich mich anpassen kann. Aber dadurch habe ich einfach trainiert, mich in andere hineinzuversetzen. Deswegen mache ich auch immer Leute und Akzente nach oder Ähnliches. Wenn du anfängst, Leute zu imitieren, musst du sie zuerst beobachten, um sie imitieren zu können. Das heißt, die Fähigkeit, Menschen zu beobachten, ist ein Unterpunkt davon. Aber dann imitierst du sie. Dadurch fängst du an, zu verstehen, wie sie denken. Hat dieser Lernprozess erst einmal begonnen, geht er in einen weiteren Schritt über: die emotionale Kommunikation. Das ist die zweite Fähigkeit, die ich gelernt habe. Egal, ob ich mit Musik kommuniziere, mit Videos kommuniziere, mit Sprache kommuniziere. Ich versuche, emotional zu kommunizieren und Menschen dort zu erreichen, wo sie gerade sind. Du kannst genau dasselbe sagen, informationstechnisch, vom Inhalt her, aber wenn du es emotional nicht stark kommunizierst, dann kommt es bei der anderen Person nicht an. Du musst dich deinem Gegenüber anpassen und das geht nur, wenn du die andere Person verstehst. Deswegen ist es ein Vorteil für mich, dass ich viele Sprachen spreche. Aber diese Sprachen sind genauso auch Körpersprachen und emotionale Sprachen. Du kannst nicht mit jedem einzelnen Menschen gleich sprechen. Wenn du Menschen verstehst, empathisch bist, dich in sie hineinversetzen kannst, dann kannst du so sprechen, dass es diese Menschen erreicht. Meiner Meinung nach ist Kommunikation das wichtigste Tool auf der Welt. Kommunikation ist für mich zuallererst Zuhören. Das ist der erste Step der Kommunikation. Leute sagen immer: „Ich will besser reden können." Nein, du musst erst zuhören. Genauso wie, als ich für meine Kunden damals einen Film drehte. Da habe ich immer gefragt: Was ist dein Ziel? Daraufhin habe ich erstmal zugehört und Fragen gestellt. Dann erst habe ich gesagt: Okay, jetzt gehe ich in den kreativen Prozess. Genau an diesem Punkt treten oftmals Probleme auf. Viele Leute wollen direkt anfangen, ein Skript zu schreiben, oder wollen direkt anfangen, mit Leuten zu reden und sie von etwas überzeugen. Ich aber sage immer: Das Wichtigste ist, dass du zuhörst, Fragen stellst, zuhörst, Fragen stellst und dann in die Kommunikation gehst. Erst dann hast du die ganzen Informationen, die du brauchst, um emotional zu kommunizieren.

Meine dritte Fähigkeit wäre die Fähigkeit, auf Menschen zuzugehen. Diesen Teil liebe ich so sehr, weil das nicht etwas ist, worin ich gut war. Das war eigentlich meine größte Schwäche; ich war introvertiert, habe mich nicht getraut, das Eis zu brechen, auf Menschen zuzugehen. Immerzu dachte ich, ich hätte etwas zu verlieren, ich könnte abgelehnt werden, ich bin nicht gut genug, nicht normal. Mit der Zeit habe ich gemerkt, dass sehr viele Menschen dieselbe Angst haben. Oft, wenn ich in einem Raum bin mit 20 Leuten, redet keiner miteinander und ich bin derjenige, der auf jeden Einzelnen zugeht. Wenn ich in einen Raum reingehe, dann lächle ich jeden an, ich sage jedem Hallo, ich gebe jedem die Hand. Gibt es jemanden, der mir nicht die Hand gibt, gehe ich direkt zum Nächsten und gebe dem auch noch mal die Hand. Diese Fähigkeit, auf Menschen zuzugehen, kombiniert mit den zwei Teilen davor, dass ich Fragen stelle, mich für die Person interessiere, zuhöre und dann emotional kommuniziere, das sind meine drei wichtigsten Fähigkeiten.
Nimm mir alles weg, was ich in meinem Leben habe – die drei Skills und die Fähigkeit zu lernen werden mich genau wieder da hinbringen, wo ich jetzt gerade stehe.

Auch für dort, wo ich hinkommen werde, sind diese drei Tools ein essenzieller Part. Ich denke, jeder einzelne Mensch sollte sich darauf fokussieren. Nicht nur für sein Business, sondern auch für seine Beziehungen, seine Freundschaften, für sich selbst allgemein als Mensch.

 Dave: Wieso bleibst du nicht einfach immer, wie du bist?

 Ben: Ich muss diese Frage wieder in zwei Teile schneiden. Denn eigentlich bleibe ich immer, wie ich bin. In meinem Herzen. Nur das, was ich nach außen trage, verändert sich. Und deswegen wirkt es für andere Leute so, als würde ich mich verändern. Es ist so, wie wenn ich jetzt sage, ich war Filmregisseur und jetzt bin ich Speaker. Jetzt sieht es von außen aus, als würde ich mich verändern und dass ich nicht mehr derselbe bin wie damals. Aber eigentlich bin ich derselbe, ich tue nur etwas anderes. Das ist wiederum sehr interessant. Man sagt: Bleib, wie du bist. Natürlich bleibe ich nicht, wie ich bin. Ich will wachsen. Ich will lernen. Ich will immer eine neue Version von mir selbst werden. Aber ich merke, dass, je mehr ich mich verändere und je mehr ich nach vorne schreite und Neues lerne und entdecke, desto mehr Selbstbewusstsein bekomme ich, derjenige zu sein, der ich wirklich bin und schon immer war in mir drin. Nur habe ich nicht gewagt, es auszuleben und in die Welt zu tragen. Wenn man also fragt: „Warum bleibst du nicht, wie du bist?", dann spule ich gedanklich zurück:

Als ich drei Jahre alt war, habe ich angefangen zu träumen und zu spielen. Ich habe mich mit dem beschäftigt, was mir Spaß gemacht hat, mit dem, worin ich gut war, was ich für mich entdeckt habe, und hatte vor nichts Angst. Aber ich bin nicht geblieben, wie ich war. Denn durch den Einfluss der Gesellschaft, der Schule, meiner Eltern, meiner Freunde, meiner Umgebung, des Drucks habe ich mich verändert. Ich bin mir selbst nicht treu geblieben. Ich habe meine Träume begraben, meine Fähigkeiten limitiert und mein Potenzial unterdrückt aus Angst zu scheitern, aus Angst, vor anderen Leuten schlecht auszusehen. Weil ich geliebt werden wollte von anderen, habe ich nicht Nein gesagt zu anderen, sondern zu mir selbst. Diese ganzen Ereignisse legten sich wie eine Art Hülle Schicht um Schicht über mein eigentliches, ursprüngliches Ich. Eigentlich ist das, was ich jetzt definiere als das, wer ich bin, nicht ich, sondern etwas, das kreiert wurde aus Schutz vor externen Faktoren. Je mehr ich nach vorne schreite, desto mehr von diesen Schichten verschwinden, weil ich merke, dass sie irrelevant sind; weil es irrelevant ist, was andere Leute über mich denken und dass die Limitierung, die ich in Bezug auf mich selbst getan habe, nicht wahr ist. Sie ist eine Lüge. Je mehr ich wachse, desto mehr von diesen Schichten platzen und desto mehr wächst dieser Kern, der eigentlich ich selbst bin. Plötzlich bin ich nicht mehr derselbe, der ich vor fünf Jahren war, aber ich bin derselbe, der ich vor 30 Jahren war. Ich habe mich selbst wiedergefunden.

.

Max Reidl

Max ist einer der mit Abstand erfolgreichsten Immobilieninvestoren des Landes und der ungekrönte König der Projektentwicklung. Er weiß, dass sein Erfolg zum einen auf fachlichem Wissen und Erfahrung beruht, zum anderen aber vor allem auf einem starken Mindset und Mut: Kopfsache!

Dave: Stell dir bitte Folgendes vor: Wir sehen uns erst in drei Jahren wieder. Was denkst du, was für eine Person bist du dann?

Max: Ich kann dir nicht mal sagen, was für eine Person ich in drei Monaten sein werde. Ich habe in mir einen unstillbaren Drang nach Erfolg, Effizienzsteigerung und Optimierungsmöglichkeiten. Und wenn ich auf das letzte Jahr zurückblicke oder meinetwegen auch auf die letzten drei Monate, dann lässt es mich zu der Erkenntnis kommen, dass es eigentlich unmöglich ist, zu sagen, wo ich in drei Jahren stehen werde. Denn die Prognosen und Entwicklungen wurden bisher massiv übertroffen. Drei Jahre sind für mich zum jetzigen Zeitpunkt ein komplett unüberblickbarer Horizont. Was auf alle Fälle sein wird: Du wirst einen 17-mal komplett auseinandergenommenen und wieder zusammengesetzten Max antreffen, der mit dem heutigen überhaupt nicht vergleichbar sein wird; eine komplett neue Person, die effizienter und strukturierter ist und an den Erfolgen, die bis dahin passiert sind, extrem gewachsen sein wird. Mit den gleichen inneren Werten, aber in einem komplett anderen Stadium und anderen Umfeld. Ich freue mich drauf.

Dave: Danke schön. Vervollständige bitte diesen Satz: „Schule ist für mich …"

Max: Schule ist für mich eigentlich überflüssig, wenn es nicht diesen einen Punkt gäbe, der, rückblickend betrachtet, den einzig wahren Mehrwert in meiner Schulzeit hatte. Und zwar war das nicht das Allgemeinwissen oder Wissen über Mathematik, Erdkunde oder wo welche Hauptstadt zu finden ist, sondern die Steigerung des emotionalen Quotienten. In anderen Worten: Relation-Management. Wie bilde ich soziale Kontakte? Wie interagiere ich im sozialen Umfeld? Das war in der Schule mein größter Mehrwert und hilft mir im jetzigen Leben wirklich weiter. Ich bin im Immobilienbereich tätig und Immobilienbusiness ist People Business. Da ist diese emotionale Interaktion extrem wichtig und ein Grundbaustein für den Erfolg.

Wenn ich mir die heutigen Schulen anschaue, die jetzt wieder ein bisschen anders sind als zu meiner Zeit vor 20 Jahren, dann wird mir da richtig angst und bange. Ich habe gerade selber ein schulpflichtig gewordenes Kind und habe Gott sei Dank die Möglichkeit und den Background, es außerhalb der Regelschule im Schulsystem zu platzieren. Da bin ich sehr froh und kann es wirklich jedem ans Herz legen, der die Möglichkeiten hat, das zu tun. Ich hoffe, dass das Regelschulsystem sich in naher Zukunft einer kompletten Überarbeitung unterziehen muss. Der Rahmen, der da geboten wird, trägt nicht dazu bei, dass unsere Welt produktiver wird und die Menschen dadurch erfolgreich und unabhängig werden. Deshalb hoffe ich, dass dieser Punkt möglichst bald überarbeitet wird, und appelliere an jeden, der die Möglichkeiten hat, das Regelschulsystem zu umgehen, dies auch zu tun.

Dave: Wenn du an jedem Tag nur noch höchstens eine Stunde arbeiten dürftest, was würdest du in dieser Stunde tun?

Max: Eines vorweg: Wenn ich nur noch eine Stunde arbeiten dürfte, dann würde ich wahrscheinlich sehr, sehr unglücklich werden. Denn für mich ist es keine Arbeit im klassischen Sinne, sondern es ist meine Leidenschaft. Das Immobiliengeschäft ist meine absolute Leidenschaft, für das ich von innen heraus einen unerschöpflichen Antrieb habe. Müsste ich mich jetzt wirklich auf eine Stunde beschränken, dann würde ich versuchen, in dieser einen Stunde Immobiliendeals zu machen, Akquise zu betreiben, Bankgespräche zu führen, Projekte abzuwickeln und so weiter.

Ich bin ein Effizienz-Narzisst und habe einen starken Drang, alle Abläufe effizienter zu machen. Deshalb bin ich auch in der Lage, in einer Stunde mehr zu schaffen als andere vielleicht in drei oder vier Tagen. Deshalb würde diese eine Stunde schon ausreichen, um meinen Lebensstandard zu sichern. Das angestrebte Wachstum wäre mit dieser einen Stunde natürlich nicht abgedeckt, aber ich könnte mich zumindest auf dem Level halten.

Allerdings wäre es für mich über die ganzen monetären Dinge hinaus sehr, sehr unbefriedigend, sich nur noch auf eine Stunde pro Tag zu beschränken und nur noch eine Stunde am Tag meiner Leidenschaft nachgehen zu dürfen. Das würde mich unglücklich machen. Deswegen hoffe ich, dass das nie passieren wird.

Dave: In was für einer Fernsehsendung wärste du gerne? Von Kochsendung bis Actionfilm ist alles erlaubt. Was würde inhaltlich in deiner Fernsehsendung passieren

Max: Das ist eine gute Frage, die ich gar nicht so einfach beantworten kann, weil ich mich in der Fernsehwelt gar nicht mehr aufhalte, weil das für mich absolute Zeitverschwendung ist. Aber das ein oder andere Format verfolge ich doch noch mal mit einem Auge. Da wäre zum Beispiel, was natürlich für einen Unternehmer interessant ist, die Sendung „Die Höhle der Löwen", weil auf beiden Seiten immer wieder tolle Unternehmerpersönlichkeiten präsentiert werden, die mich wirklich inspirieren oder auch unterhalten. Und deshalb wäre das in dem Fall meine Antwort und würde auch inhaltlich am besten passen.

Dave: Stell dir mal vor, du würdest heute deinen persönlichen Highscore deines Lebens angezeigt bekommen, so wie beim Videospiel. Wo würdest du besonders punkten?

Max: Mein größter persönlicher Highscore und größter Skill liegen im Bereich Verkaufen. Das hat mich in meinem beruflichen wie unternehmerischen Leben immer extrem nach vorne gebracht. Im Immobilienbereich bist du ja den ganzen Tag mit Menschen zusammen. Und wenn du dich selbst, eine Sache oder gewisse Dinge gut verkaufen kannst, dann kommst du schnell zu deinem Ziel.

Wenn ich jetzt mein tägliches unternehmerisches Leben betrachte, dann habe ich eigentlich so mit 70 bis 80 Prozent Psychologie zu tun. Ungefähr 20 bis

30 Prozent sind tatsächlich Sachfragen, auf die man auch eine Antwort wissen, irgendeinen Paragrafen oder Verordnungen kennen muss. Aber der Rest ist einfach Psychologie. Wenn man sich gut verkauft und die Leute überzeugen kann, dann kommt man da auch sehr, sehr schnell und sehr, sehr gut zum Erfolg.

Dave: Du darfst dich mit nur einem Hashtag beschreiben? Welcher ist das und warum?

Max: #Freigeist. Warum? Das zieht sich wie ein roter Faden durch mein Leben. Überall, wo ich einen Rahmen oder Hierarchien hatte, hat mich das extrem belastet. Das ging ja schon in der Schule los und zog sich bis ins Arbeitsleben weiter. Das führte auch dazu, dass ich verkümmert bin und Probleme bekommen habe – auch gesundheitliche.

Seitdem ich diese Fesseln abgelegt und mich fürs Unternehmertum entschieden habe, hat sich auch erst mein ganzes Potenzial entfaltet und ich habe auch selber erst erkannt, was für ein Potenzial überhaupt in mir steckt.

Rückblickend betrachtet ist es für mich natürlich eine sehr traurige Zeit gewesen. Das war in der Schule so, im Arbeitsleben, im Angestellten-Dasein – überall bin ich verkümmert und eingegangen wie eine Rosine. Ich habe zwar noch rechtzeitig den Absprung geschafft, aber ich will mir nicht ausmalen, was passiert wäre, wenn ich diese Fesseln nicht gesprengt hätte. Es ging ja schon los mit gesundheitlichen und nervlichen Problemen. Ich kam damit überhaupt nicht klar und deshalb war es für mich eine absolute Befreiung. Deswegen: #Freigeist.

Dave: Welche verstorbene Persönlichkeit würdest du gerne treffen und was würdest du sie fragen?

Max: Ganz klar: Elvis Presley, den King of Rock; eine der wichtigsten Personen in meinem Leben – musikalisch, aber auch wegen der Extreme, die er gelebt hat. Er war in seinem Bereich ein absolutes Genie. Man sieht auch da wieder: Genialität und Wahnsinn liegen nah beieinander. Ich würde ihn gerne fragen, warum es bei ihm so entgleist ist. Die tatsächlichen Gründe dafür würden mich interessieren, um ein Learning daraus zu ziehen.

Dave: Was tust du, um nicht normal zu sein?

Max: Aktiv tue ich nichts, um nicht normal zu sein, weil ich von Grund auf nicht normal bin. Und das wird mir auch sehr häufig von meinem Umfeld widergespiegelt: „Also, Max, du bist einfach nicht normal." Ja, ich bin auch nicht normal. Ich habe aber auch gar nicht den Anspruch, normal zu sein. Ich will nicht normal sein und mich in diesem Einheitsbrei der Normalität aufhalten. Wenn ich einen inneren Drang habe, XY zu tun, dann tue ich das auch, egal, in welcher Situation ich gerade bin. Und dass ich da vielleicht von anderen Menschen als nicht normal wahrgenommen werde, nehme ich zur Kenntnis, es juckt mich aber nicht.

Dave: Meine Oma sagte immer: „Über Geld spricht man nicht. Geld hat man." Wie sprichst du über Geld und wie oft tauschst du dich darüber aus?

 Max: Ja, die Omas und ihre Glaubenssätze, ihre Leitsätze. „Über Geld spricht man nicht. Geld hat man." Genau. Es ist erstaunlich, wie unsere Gesellschaft von Anfang an darauf trainiert wird, sich zu schämen, wenn man Geld hat und es ja nicht aussprechen darf. „Was wird denn jetzt mein Nachbar denken, wenn ich mir anstatt eines Dreier-BMWs einen Fünfer hole?" Dann kommen gleich wieder irgendwelche Fragen auf. Ich kann jedem nur empfehlen, sich davon zu lösen. Ich spreche sehr oft über Geld und ich tausche mich sehr gerne darüber aus. Warum? Weil ich dadurch sehr viel lerne.

Wenn du über Geld sprichst, kannst du dich mit Menschen verbinden, die auch auf einem gewissen Level sind. Du kannst aus diesen Gesprächen Mehrwerte für dich ziehen. Wenn aber stattdessen alle blind rumlaufen und nicht wissen, wer erfolgreich ist, viel Geld macht und wie er das macht, dann kannst du selber ja auch nicht daran partizipieren, indem du dich mit Wissen austauschst. Deshalb finde ich Offenheit auch in finanziellen Bereichen sehr wichtig.

Natürlich drucke ich mir nicht meinen Kontoauszug auf ein T-Shirt und laufe damit rum. Man kann auch auf eine sehr charmante und seriöse Art und Weise über Geld sprechen und sich darüber austauschen. Das kann ich wirklich nur empfehlen, weil du das ein oder andere Learning haben wirst, das dich weiterbringt.

Dave: Was sind deine drei wichtigsten Fähigkeiten, die du der nächsten Generation mitgeben möchtest?

Max: Fähigkeit Nummer eins ist Verkaufen. Das ist ein extrem wichtiges Attribut für Erfolg.

Die zweite Fähigkeit ist, auch einen Schritt zurückgehen zu können, um dann vielleicht nicht nur einen nach vorne zu machen, sondern zwei oder drei. Das ist eine Fähigkeit, für die ich aus meinem Umfeld immer wieder Zuspruch erhalte. Ich denke da an Business-Partnerschaften etc., bei denen man vielleicht im ersten Moment Profite teilt, aber im zweiten Moment seine Ergebnisse überproportional positiv beeinflusst.

Und die dritte Fähigkeit ist, seine Prinzipien wahren zu können und seine Erdung zu bewahren, egal, wie weit man sich entwickelt. Denn Geld verdienen ist leicht, Geld behalten ist schwer. Und wenn man in der Lage ist, nach seinen inneren Prinzipien zu leben, eine gewisse Erdung zu behalten und nicht bei der nächsten Gelegenheit alles über den Haufen zu werfen, wird man das Geld auch lange behalten können.

Dave: Wieso bleibst du nicht einfach immer, wie du bist?

Max: Weil ich gar nicht so bleiben will, wie ich bin. Ich will mich ja weiterentwickeln, ich will Fortschritt. Und damit geht einfach einher, dass man nicht so bleibt, wie man ist. Man entwickelt sich persönlich und mental weiter. Im Kern bleibt man natürlich der gleiche Mensch, aber man erreicht höhere Ebenen in verschiedenen Bereichen, und dann ist man einfach nicht mehr so, wie man war. Das ist auch okay. Deshalb werde ich mich im Zuge der Weiterentwicklung immer wieder verändern – auch, wenn Veränderung in vielen Bereichen Abschied bedeutet, so schafft es auch immer wieder Raum für Neues. Und das finde ich spannend. Deshalb bleibe ich nicht so, wie ich bin, und das ist auch gut so.

Steffen Kirchner

Erst wenn du unten warst, weißt du, wann du oben bist. Kein leichter Weg liegt hinter ihm, aber die Zukunft ist Kopfsache. Steffen sorgt aktiv dafür, dass die Seminarteilnehmer seiner „Erfolgsoffensive" ihre persönliche Power entdecken. Er begleitet Sportler bei ihren Wettkämpfen und wurde bekannt durch sein Buch „Totmotiviert".

Dave: Stell dir bitte Folgendes vor: Wir sehen uns erst in drei Jahren wieder. Was denkst du, was für eine Person bist du dann?

 Steffen: Also, in drei Jahren versuche ich erst mal ein Mensch zu sein, der sich noch weniger mit anderen Menschen vergleicht, der noch fokussierter ist auf sich, auf seine eigene Entwicklung, auf seine eigenen Projekte. Raus aus dem Vergleichsdenken, das ich selber im Profisport gelernt habe. Mit diesem Denken bin ich groß geworden seit meiner Jugend, als ich im Leistungssport war, und später dann im Profisport. Damit bin ich aufgewachsen. Das heißt, der Fokus bei mir war immer sehr stark darauf gerichtet, was andere machen. Im Profisport ist es teilweise auch notwendig. Aber in Wahrheit lenkt es dich von der eigenen Entwicklung ab. Diese Eigenschaft lege ich über die Jahre immer mehr ab und in drei Jahren will ich sie noch mehr abgelegt haben. Zweitens: Ich will auch die eigene Ungeduld besser lenken können. Ungeduld ist ein Erfolgsfaktor; alle erfolgreichen Menschen der Welt sind ungeduldig. Ungeduld ist mit

Sicherheit eine Charakter- und Persönlichkeitseigenschaft, die alle erfolgreichen Menschen der Welt auszeichnet. Allerdings gibt es auch hier ein Maß, bei dem es noch gesund ist oder halt nicht. Es gibt zwei Aspekte: Entweder du bist von außen getrieben, oder du bist von innen heraus angetrieben. Ich bin sehr ungeduldig, weil ich einen starken inneren Antrieb habe. Aber manchmal lässt man sich auch zu stark von außen antreiben, von den Erwartungen und Wünschen anderer, von der Gesellschaft, von der Branche. Dieses äußere Getrieben-Sein möchte in drei Jahren noch mehr abgestellt haben. Ansonsten bin ich in drei Jahren ein Mensch, der seine eigene Freiheit definitiv noch mehr dazu nutzt, um anderen Menschen, die diese Freiheit noch nicht erlangt haben in ihrem Leben, zu helfen, diese Freiheit noch besser zu verwirklichen. Ich habe sehr viel Glück gehabt in meinem Leben, ich bin auf der Sonnenseite des Lebens aufgewachsen oder habe sie mir zumindest erarbeitet. Mein Beruf, meine Berufung, mein Sinn ist es, möglichst vielen anderen Menschen den Weg zu dieser Sonnenseite des Lebens zu zeigen, denn den kann man sich wirklich selber erarbeiten.

Dave: Danke schön. Vervollständige bitte diesen Satz: „Schule ist für mich …"

 Steffen: Was Schule für mich schon mal nicht ist: Es ist kein Ort, an dem ich viel Fachwissen lernen muss. Schule sollte ein Ort sein, an dem ich Lust darauf bekomme, mir möglichst viel Wissen zu meinem Lieblingsthema aneignen zu können. Es gibt ja diesen schönen Satz: „Der Rahmen ist wichtiger als der Inhalt." Das ist etwas, das Schulen und auch Lehrkräfte noch mehr verinnerlichen sollten, nämlich, dass der Inhalt, den wir den Kindern vermitteln, zum Schluss zu 90 Prozent eigentlich für die Welt von gestern ist. Demnach ist es prinzipiell nicht mehr notwendig, diese ganzen Fachinformationen an die Schüler zu vermitteln, sondern viel wichtiger wäre der richtige Rahmen. Denn dieser Rahmen ist das Klima, in dem die Schüler dort in der Schule sind und sie dadurch Lust am Lernen bekommen. Für einen Schüler ist es das Schlimmste, wenn er in die Schule geht und sich nicht wohlfühlt. Gedanken wie „Boah, endlich raus aus der scheiß Schule, jetzt muss ich nicht mehr lernen" sind sehr kontraproduktiv für die Schüler. So etwas ist schrecklich, denn Lernen ist die Quintessenz des Lebens. Es ist das, was dich im Leben wachsen lässt und dich glücklich macht. Diesen Punkt aufzugreifen, wäre ein Auftrag, den Schule auf alle Fälle haben sollte.

Zweiter Punkt: Ich glaube, dass Schule heutzutage leider noch eine Organisation und Einrichtung ist, die meist nur auf die Fragen und Aufgaben von gestern vorbereitet. Dabei ist das Problem, dass sich in der heutigen Welt und auch in der morgigen Welt ganz andere Fragen stellen. Mit den Antworten von gestern können wir die Fragen von heute und von morgen einfach nicht mehr beantworten. Deswegen ist Schule für mich momentan leider auch noch eine rückständige Organisationseinheit, die noch nicht verstanden hat, was die Menschen der Zukunft und auch in der Gegenwart brauchen. Aber es gibt immer mehr Schulen, die das erkennen. Schule muss sich selbst entwickeln, für mich persönlich ist sie momentan aber ein Sorgenkind.

Dave: Wenn du an jedem Tag nur noch höchstens eine Stunde arbeiten dürftest, was würdest du in dieser Stunde tun?

 Steffen: Wenn ich nur noch eine Stunde am Tag arbeiten dürfte, wäre das für mich der denkbar schlechteste Zustand in meinem Leben, eine reine Horror-Vorstellung. Aber ich versuche trotzdem, die Frage zu beantworten. Was würde ich in einer Stunde am Tag machen? Ich würde diese Stunde wahrscheinlich in jeweils zwei halbe Stunden aufsplitten. Die erste halbe Stunde würde ich versuchen, möglichst unkompliziert und schnell über Onlinekanäle möglichst viele Menschen mit meinen Botschaften, mit meinem Wissen und meinen Strategien zu versorgen. Also, so schnell und so unkompliziert wie möglich so viele Menschen wie möglich zu erreichen. Deshalb würde diese Tätigkeit definitiv online stattfinden, weil das schlichtweg der schnellste und beste Weg ist, weil ich nicht zu einer Location fahren muss. Die zweite halbe Stunde hingegen würde ich darin investieren, mein Team zu stärken, weiter aufzubauen und die Teammitglieder in meinem Unternehmen weiter zu führen, damit diese das bereits vorhandene Wissen von mir in die Welt bringen. Mein Wissen gelangt somit multipliziert in die Welt hinaus. Demnach baue ich Menschen auf, welche dann wiederum das, was in mir steckt, nach außen reproduzieren und skalieren. Das wären wahrscheinlich die Tätigkeiten für die mir zur Verfügung stehenden zwei halben Stunden, in die ich die meiste Zeit investieren würde.

Dave: In was für einer Fernsehsendung wärest du gerne? Von Kochsendung bis Actionfilm ist alles erlaubt. Was würde inhaltlich in deiner Fernsehsendung passieren?

Steffen: Meine Lieblings-Fernsehsendung, wenn ich mal Fernsehen schaue, ist „Markus Lanz". Meistens schaue ich „Markus Lanz" aber auch über YouTube. Bei ihm würde ich sehr gerne mal in der Sendung sitzen, weil ich sie als eine sehr angenehme Talk-Sendung mit sehr vielen unterschiedlichen Gästen wahrnehme. Ich finde es gut, wie er das macht. Zweitens wäre ich gerne mal im „Aktuellen Sportstudio", nicht nur einfach im Sportstudio, sondern bei einer WM-Sendung als sportpsychologischer Experte, um die Spiele der Fußballnationalmannschaft aus dieser Perspektive zu analysieren. Denn ich finde es sehr erschreckend, wie viel über psychologische Themen in der Sportberichterstattung gesprochen wird von Experten, Journalisten, Sportlern, Trainern etc., die aber im Bereich Sportpsychologie teilweise überhaupt keine Ahnung haben. Meistens geht es hierbei um psychologische Themen, aber in die Tiefe gegangen, um die tatsächlichen Zusammenhänge zu erklären, wird selten. Diese Diaspora würde ich sehr gerne auflösen und würde echtes, gutes fachliches Know-how dazu geben. Ich bin mir sicher, das würde auch die Zuschauer weiterbringen, weil sie etwas Neues erfahren, neue Sichtweisen hören und manche Dinge mit Sicherheit auch besser auf eine sehr unterhaltsame Art und Weise verstehen würden.

Zudem würde ich sehr gerne bei „Der Herr der Ringe" mitspielen und würde mich unbedingt mit meinem Lieblingsmentor Gandalf treffen wollen. Gandalf war der graue Zauberer. Ihn würde ich am liebsten im Auenland auf einem schönen grünen Grashügel unter einem Baum treffen und würde ihn über das Leben befragen. Das wäre eine coole Geschichte, denn ich glaube, er hat viele Weisheiten auf Lager.

 Dave: Stell dir mal vor, du würdest heute deinen persönlichen Highscore deines Lebens angezeigt bekommen, so wie beim Videospiel. Wo würdest du besonders punkten?

 Steffen: Also, erstens würde ich mit Sicherheit besonders punkten bei dem Faktor Risikofreude, denn diese ist wahrscheinlich eines der Dinge, das mich mit am meisten auszeichnet. Finanzielle Freiheit, beruflicher Erfolg, die Sichtbarkeit, alles, was ich habe und tue – all diese Dinge in meinem Leben habe ich aus dem Nichts erschaffen. Ich habe wirklich bei null angefangen. Ich hatte null Unterstützung und null Leute, die wirklich an mich geglaubt haben; teilweise haben sie sogar eher gegen mich gearbeitet. Ich musste ein sehr hohes Risiko eingehen, indem ich meine alten Berufsmöglichkeiten, meinen alten Berufsweg beendet habe und einfach ins kalte Wasser gesprungen bin. In den ersten zwei Jahren meiner Karriere hatte ich über 70.000 Euro Minus, gerade im ersten Jahr knapp 50.000 Euro Minus. Das war ein sehr hartes Jahr. All dies zu riskieren, vorab zu investieren, also den Preis für das, was ich wirklich mal in meinem Leben haben will, vorab zu bezahlen, mit meiner Energie, mit meinem Zeitaufwand, aber natürlich auch finanziell, das war ein hohes Risiko. Doch ich bin dieses Risiko eingegangen und es hat sich ausgezahlt. Du musst immer für alles, was du im Leben willst, den Preis im Vorfeld bezahlen. Da sind die meisten Menschen nicht bereit zu.

Ein weiterer Highscore in meinem Leben wäre mit Sicherheit meine Selbstvertrauensentwicklung. Früher war ich ein Mensch mit extrem großen Selbstzweifeln. Diese waren so groß, dass ich teilweise die Straßenseite gewechselt habe, wenn mir eine hübsche Frau auf der gleichen Straßenseite entgegengekommen ist. Das hört sich lustig an, war aber gar nicht so lustig, wie es sich anhört. Noch vor zehn Jahren war eine meiner größten Ängste in meinem Leben, vor anderen Menschen öffentlich zu sprechen. Diese Selbstvertrauensentwicklung habe ich durchgemacht. Heute ist das also erst einmal mit den Frauen kein Problem mehr und zweitens vor allem auf der Bühne vor Menschen zu sprechen, ist heute der schönste Platz, den ich mir überhaupt vorstellen kann. Dies ist mit Sicherheit ein großer Punkt.

Ein weiterer Highscore in meinem Leben wäre wahrscheinlich der Faktor Vertrauenswürdigkeit. Ich glaube, dass Menschen, die mich wirklich kennenlernen, die meine Arbeit wirklich sehen, feststellen, dass der Mensch, der da spricht, nur von Dingen spricht, die er selbst erfahren hat. Es gibt viele Dinge, zu denen ich eine Meinung, aber noch nicht so viel Ahnung habe, dass ich es öffentlich erzählen möchte. Das, was ich beruflich den Menschen an Impulsen, an Strategien weitergebe, habe ich alles hautnah erlebt, und die Menschen spüren, dass es echt ist. Deshalb vertrauen sie mir und wir haben eine unglaublich hohe Quote an Bindung, Beziehung und Vertrauen untereinander: zu meinen Seminarteilnehmern, zu meinem Team und zu Freunden.

Abschließend würde ich als letzten Faktor mit Sicherheit den Faktor Geld nennen. Wenn man es jetzt mal rein rational betrachtet und mit einer Zahl rechnen kann, dann ist wahrscheinlich ein Highscore meines Lebens tatsächlich der Faktor Geld. Aber das war er nicht immer. Es war eher, wie sagt man, ein Downscore oder ein Lowscore. Früher war es um meine finanziellen Verhältnisse ganz schlecht bestellt. Aber das hat sich sehr schön und positiv entwickelt. Finanzieller Erfolg kommt, wenn du die anderen Punkte wie Selbstvertrauen, Vertrauenswürdigkeit und Risikofreude in deinem Leben aufbaust.

Dave: Du darfst dich mit nur einem Hashtag beschreiben. Welcher ist das und warum?

Steffen: Der Hashtag, der mich wahrscheinlich am besten beschreiben würde oder mit dem ich mich am liebsten beschreiben würde, wäre #Erfolgsmensch. Warum? Nicht, weil ich alles, was ich mache, zum Erfolg bringe oder weil ich alles kann oder besonders schlau bin, sondern weil ich Erfolg für mich ganz anderes definiere. Erfolg bedeutet für mich, dass etwas erfolgt.

Das heißt, dass es eine Folge ist, es ist ein aktiver Prozess dahinter. Für mich gibt es drei Ebenen des Erfolges: Es gibt zum einen die Ergebnisebene. Beispielsweise, wenn ich auf dem Bankkonto eine Zahl sehe, Umsatzzahlen, die Seminarteilnehmer, Titel oder Ähnliches. All dies sind messbare Erfolge – die Ergebnisebene. Dann gibt es aber eben auch eine Gefühlsebene beim Erfolg. Also das, was ich dabei spüre, die sogenannte Erfüllung. Viele Menschen haben ja auf der Ergebnisebene super Zahlen, sind finanziell zum Beispiel frei, haben tolle Mitarbeiter, das Unternehmen wächst, aber sie haben auf der Gefühlsebene ein Defizit. Erfolg ohne Erfüllung ist Misserfolg nach meiner Definition. Die dritte Ebene des Erfolgs, neben der Ergebnis- und der Gefühlsebene, ist die Prozessebene. Wenn du das Richtige tust, wenn du in den richtigen Prozess gehst, wenn du in die richtige Richtung gehst, dann kann am Anfang das Gefühl oder auch das Ergebnis noch nicht gut sein und du kannst dich noch überhaupt nicht bereit dazu fühlen, das zu tun, was du eigentlich gerade tust oder tun sollst. Aber wenn du es trotzdem tust und trotzdem den Prozess startest, kommst du in die richtige Richtung.

Es gibt diesen schönen Satz: „Es ist egal, wie nahe du an der Hölle stehst, entscheidend ist immer, in welche Richtung du gehst." Genau das passt zu mir. Ein Erfolgsmensch ist für mich jemand, der den Prozess bestimmt, in welche Richtung er gehen will, und über diesen Prozess, den er geht, sein Gefühl verändert. Fake it until you make it. Dann fühlst du so und produzierst darüber hinaus auch die Ergebnisse. Das ist für mich ein Erfolgsmensch und das ist das, was ich bisher in meinem Leben recht erfolgreich mache.

Dave: Welche verstorbene Persönlichkeit würdest du gern treffen und was würdest du sie fragen?

Steffen: Da fällt mir ehrlich gesagt keine prominente Persönlichkeit ein, sondern da fällt mir eigentlich nur ein Mensch ein und das ist tatsächlich meine Mutter, die vor einigen Jahren verstorben ist. Das ist für mich eine Persönlichkeit, die ich sehr gerne noch einmal treffen würde. Sie ist an einer Leberzirrhose gestorben. Meine Mutter war schwere Alkoholikerin. Damals sagte eine Freundin von ihr zu mir: „Deine Mama ist eigentlich nicht am Alkohol gestorben, sie ist eigentlich an gebrochenem Herzen gestorben." Ich war 22, als das passiert ist, und es hat mich in meinem Leben natürlich sehr geprägt und auch sehr bewegt. Wenn ich die Gelegenheit hätte, sie noch mal zu treffen, dann würde ich sie fragen, ob es im Rückblick irgendwas gäbe oder gegeben hätte, was ihr damals hätte helfen können. Ob es irgendeine Möglichkeit gegeben hätte, einen Satz, ein Wort, ein Ereignis, ein Erlebnis, eine Hilfestellung, irgendetwas, das ihr die Chance gegeben hätte, ihr Leben nochmal zu verändern, noch einmal Mut zu fassen, diese Sucht zu bekämpfen, sie zu überwinden und sich ein glückliches, starkes Leben aufzubauen. Hätte es irgendeine Chance gegeben? Hätte es irgendwas gegeben auf der Welt, was ihr hätte helfen können? Das würde mich brennend interessieren.

Dave: Was tust du, um nicht normal zu sein?

 Steffen: Nicht normal zu sein, tue ich schon mal durch eine Sache: Ich boykottiere grundsätzlich alle globalen Glaubenssätze, die es so gibt. Es gibt ja so individuelle Glaubenssätze, die du und ich so haben, wie zum Beispiel, dass man über Geld nicht spricht. Dies ist eigentlich schon fast wieder ein globaler Glaubenssatz, das denken viele. Aber wenn man sich zum Beispiel sagt, dass man etwas nicht kann oder immer in den entscheidenden Momenten versagt, sind das sehr individuelle und persönliche Glaubenssätze, die ein Mensch hat. Es gibt aber auch globale Glaubenssätze. Das heißt, das glauben ganze Personengruppen, manchmal ein ganzes Unternehmen, eine Familie, eine bestimmte Bevölkerungsschicht, manchmal sogar ein ganzes Land. Wie zum Beispiel: „Geld verdirbt den Charakter" oder „Über Geld spricht man nicht." Diese globalen Glaubenssätze, die sammle ich wahnsinnig gerne und ich entwickle dann individuelle andere Glaubenssätze dazu, weil ich mir denke: „Wenn die Masse so denkt, dann muss irgendwas anderes der Wahrheit entsprechen, weil die Masse irrt sich eigentlich immer." Das ist an der Börse schon so, eigentlich ist es überall so. Ich versuche also einfach, den Kontrapunkt zu dem zu finden, was eigentlich die meisten Menschen tun und was die meisten Menschen glauben. Außerdem folge ich meinem eigenen Traum, meinen Zielen und nicht den Vorstellungen anderer; das ist heute auch nicht normal. Auch hier ist es wieder so: Die Erwartungen der Gesellschaft, dieses ganze Gesellschaftsspiel regt mich ziemlich auf. Alles, was so gesellschaftlich gang und gäbe ist, was die meisten Menschen meinen, was man tun sollte, was Menschen glauben, was heutzutage noch Sicherheiten sind, eine feste Anstellung zum Beispiel. Ich glaube, ehrlich gesagt, dass es nichts Unsichereres für die Zukunft gibt als eine Festanstellung. Weil es nämlich in der Zukunft keine sichere Festanstellung mehr geben wird.

Ich versuche, diese ganzen Konventionen, diese ganzen Vorstellungen und Erwartungen, in diesem Gesellschaftsspiel zu brechen und genau das Gegenteil von dem zu machen, was die Masse tut. Es gibt diesen schönen Satz: „Wer immer mit der Herde läuft, kann nur den Ärschen folgen." Ich versuche einfach, eigene Wege zu finden. Die sind manchmal schwieriger; man muss sich diese Wege erst schlagen, aber sie führen meistens an geilere Orte.

 Dave: Meine Oma sagte immer: „Über Geld spricht man nicht. Geld hat man." Wie sprichst du über Geld und wie oft tauschst du dich darüber aus?

 Steffen: Die Regel ist ganz einfach: Über Geld wollen nur diejenigen nicht sprechen, die entweder kein Geld haben, oder diejenigen, die sehr viel Geld haben, aber damit nicht glücklich sind. Natürlich muss man über Geld sprechen, wenn man in einem Thema gut werden und damit klarkommen will. Das heißt, hinter allem, was du in deinem Leben verdrängst, steckt meistens eine Angst. Wenn wir über etwas nicht sprechen wollen, dann ist der Kern dieses Verhaltens immer eine Emotion und diese Emotion ist Angst. Entweder die Angst vor Ablehnung oder die

Angst, irgendetwas nicht gut genug zu können, die Angst, nicht genug zu sein oder nicht genug zu haben, die Angst, ausgegrenzt zu werden, die Angst, verachtet zu werden. Es geht immer um diese Kernängste. Aus diesem Grund glaube ich, dass es wichtig ist, Geld neutral zu sehen. Es ist nichts besonders Schönes, nichts besonders Schlechtes, es ist einfach eine neutrale Energieform, mit der du lernen musst, umzugehen. Genauso, wie du lernen musst, mit Anerkennung umzugehen, mit Liebe, mit Abneigung, mit Kritik. Alles das sind Energieformen und du musst lernen, diese Energieformen positiv für dich zu nutzen. Vor zwei Jahren habe ich mich für etwas Außergewöhnliches, aber Geniales entschieden. Seitdem habe ich immer einen Money Day in der Woche. Das ist jetzt nicht von acht Uhr morgens bis acht Uhr abends, also kein kompletter Tag, der sich nur ums Geld dreht. Aber ich habe einen Tag, an dem ich ganz speziell auch einen Teil des Tages dem Thema Geld widme. An diesem Tag bilde ich mich gezielt über das Thema Geld weiter, über Investmentmöglichkeiten, über bestimmte Investmentbranchen, über diese ganzen neuen Formen, Kryptowährungen und diese ganzen neuen Bewegungen. Ich lasse mich auch coachen im Bereich Geld. Ich spreche, telefoniere und treffe mich mit Menschen, die finanziell sehr erfolgreich sind, und wir tauschen uns darüber aus. Ich plane meine eigenen Investments intensiv und regelmäßig, aber nicht täglich. Geld spielt also mit Sicherheit eine prozentual kleinere Rolle in meinem Leben, weil ich tatsächlich einfach den Großteil meiner Lebenszeit mit Dingen verbringen will, die meinem Herzen entsprechen, meinen Ideen, was ich für Menschen bewirken will. Aber genau das kann ich erst machen, seitdem ich so viel über Geld nachgedacht und gesprochen habe. Seitdem spielt dieses Geld für mich keine große Rolle mehr, weil es automatisiert kommt und ich so eine finanzielle Unabhängigkeit aufbauen konnte. Aber ich weiß, wie es ist, wenn es nicht so ist. Ich kenne die gegenteilige Welt. Denn auch ich hatte mal absolut kein Geld, sogar weniger als null. Deshalb weiß ich, wie präsent dann auf einmal dieses Thema wird. Dann musst du nämlich die ganze Zeit darüber sprechen und darüber nachdenken, allerdings in der negativen Form, und das zerstört dein ganzes Energielevel, deine ganze Lebensqualität. Diese Macht über das Leben und über die eigene Lebensqualität darf Geld niemals kriegen.

 Dave: Was sind deine drei wichtigsten Fähigkeiten, die du der nächsten Generation mitgeben möchtest?

 Steffen: Fähigkeit Nummer eins ist bei mir definitiv Konsequenz, denn das ist meine größte Stärke, und ich glaube, dass den meisten Menschen die Konsequenz fehlt. Die Konsequenz, Dinge sofort und kontinuierlich anzupacken und umzusetzen. Die meisten Menschen kennen durchaus mehr oder weniger ihre Ziele, ob die jetzt immer smart formuliert sind, sei mal dahingestellt. Aber sie haben schon eine Vorstellung von dem, wo sie im Leben eigentlich mal hinwollen, was sie tun wollen, was sie erreichen wollen, auch von dem, was sie verändern müssten und verändern wollen. Aber die Konsequenz, Dinge wirklich täglich umzusetzen, das fehlt den meisten. Für uns im Profisport ist es entscheidend, nicht täglich an den Zielen zu arbeiten, sondern es wird nur zweimal an Zielen gearbeitet, nämlich einmal vor der Saison und einmal in der Mitte, um die Ziele zu kontrollieren und eventuell zu korrigieren. Ansonsten arbeiten wir täglich an Routinen, denn Routinen und Standards sind eigentlich das Allerwichtigste, um konsequent in den Erfolgsprozess zu gehen. Die dritte Erfolgsebene, die Prozessebene, ist die wichtigste. Die Prozessebene kriege ich nur in den Griff, wenn ich konsequent bin.

Die zweite Fähigkeit ist die Bodenständigkeit. Ich glaube, dass sich die Leute, gerade in der Branche der Redner, Trainer, Coaches und Berater, selber viel zu wichtig nehmen. Deshalb versuche ich, den Leuten immer klarzumachen, wenn ich auf die Bühne gehe: „Hey, Leute, ihr seid nicht für mich da, sondern ich bin für euch da." Also, nimm dich selbst nicht so wichtig, verdammt nochmal. Es geht nicht um dich. Es geht nicht darum, was du für ein Ziel hast, wie viele Mitarbeiter du hast oder wie viele Millionen Umsatz du machst. Es interessiert keine Sau. Das Einzige, um das es geht, ist, dass du mit beiden Beinen auf dem Boden bleibst. Deswegen hat dir nämlich der liebe Gott zwei Beine mitgegeben und nicht zwei Flügel, sonst würdest du irgendwo oben herumschweben. Ziel ist es, dass du etwas für andere Menschen bewirkst und diese Welt ein bisschen besser hinterlässt, als du sie vorgefunden hast. Darum geht es nämlich. Meine dritte Fähigkeit ist Herzlichkeit, denn ich versuche wirklich, von Herzen zu sprechen und auch von Herzen zu handeln. Ich habe mal einen schönen Satz gehört, der hieß: „Nur was von Herzen kommt, kann auch auf das Herz wirken." Mit meinen Botschaften versuche ich, die Herzen von Menschen zu erreichen, das ist mein Beruf. Denn immer, wenn du versuchst, Menschen im Kopf zu bewegen, also mit Regeln, Vorgaben und Informationen, dann bewegen sie sich im günstigsten Fall ein paar Schritte, aber sie bewegen sich nicht langfristig. Langfristig bewegen wir uns nur aus dem Herzen heraus, und deswegen versuche ich selber, herzlich zu sein, um auf die Herzen von Menschen wirken zu können.

Dave: Wieso bleibst du nicht einfach immer, wie du bist?

 Steffen: Ich glaube, es gibt ein großes Missverständnis in Bezug auf Erfolg, und zwar, dass wir glauben, das Gegenteil von Erfolg ist Misserfolg. Das ist ein großer Denkfehler. Denn das Gegenteil von Erfolg ist für mich nicht Misserfolg, sondern Passivität. Erfolg ist für mich, wie gesagt, was Aktives, wenn ich mich auf etwas zu bewege. Deswegen heißt ja mein Seminar auch die „Erfolgsoffensive". Ich glaube, dass du im Leben nur dann erfolgreich wirst, wenn du in Bewegung bist, wenn du dich auf etwas zu bewegst und nicht nur, wenn du dich von etwas weg bewegst oder dich überhaupt nicht mehr bewegst. Das Schlimmste ist das Prinzip Hoffnung, denn wer passiv ist und abwartet, der hofft darauf, dass sich die Umstände verändern, dass seine Chance kommt, dass er entdeckt wird. Dieses Prinzip Hoffnung ist das Prinzip des Untergangs. Keiner entdeckt dich. Keiner macht dich groß. Die Umstände ändern sich, aber vielleicht nicht so, wie du willst, und wenn, dann hast du Glück gehabt, aber wenn du kein Glück hast, dann bleibt es scheiße. Demnach bedeutet Hoffnung Stillstand. Teilweise bedeutet Hoffnung oft sogar Rückschritt und das ist das Gegenteil von Erfolg. Ich glaube, die Qualität deines Lebens wird nicht in Erfolgszahlen gemessen, sondern in Erlebnissen. Dabei ist das wichtigste Erlebnis das Wachstumserlebnis. Dieser Faktor ist der Grund, warum ich nicht so bleiben will, wie ich bin, sondern mich ständig weiterentwickeln will, noch mehr ich selbst werden will, noch mehr von mir entdecken, noch mehr in die Tiefe gehen, noch mehr herausfinden, was da alles in diesem Menschen so steckt, was ich da alles mitgekriegt habe an Gaben und dann auch zu wachsen. Jürgen Klopp hat einen schönen Spruch zu mir gesagt vor einigen Jahren. Er hat gesagt: „Am Ende des Lebens geht es darum, dass du auf dein Leben zurückschaust und es eine Aneinanderreihung von möglichst vielen außergewöhnlichen Erlebnissen war." Diese Aussage bringt es auf den Punkt. Für diese außergewöhnlichen Erlebnisse muss ich arbeiten, muss ich mich selbst entdecken, muss ich wachsen, muss mich trauen, Dinge zu tun, die ich bisher noch nicht getan habe. Genau das ist, was dich im Leben glücklich macht, nicht irgendeine Erfolgszahl auf dem Bankkonto oder irgendeine Zahl, an der du dich aufgeilst, zum Beispiel, vor wie vielen Menschen du mal gesprochen hast. Das interessiert keine Sau, außer dein eigenes Ego und das interessiert es auch nicht lange. Weil, in dem Moment, in dem es passiert, ist es ja auch schon wieder Vergangenheit. Also, das Wachstumserlebnis ist das Beste und das ist das, was mich antreibt. Deswegen habe ich gar keine Lust zu bleiben, wer ich bisher war.

https://steffenkirchner.de/mehrwert/
wefly/so-wirst-du-zum-erfolgsmagneten

Hier geht es zu einem kostenlosen Webinar zum Thema „Erfolgreicher im Leben werden".

Sarah Tschernigow

Sarah ist ein Leuchtfeuer für ihre ganze Generation – eine extrem erfolgreiche Podcasterin, Geschäftsfrau und Umsetzerin. „No time to eat" ist der Titel ihres Programms und Zeitmangel ist Kopfsache. Ich bin sehr stolz, sie hier im Buch begrüßen zu dürfen!

Dave: Stell dir bitte Folgendes vor: Wir sehen uns erst in drei Jahren wieder. Was denkst du, was für eine Person bist du dann?

 Sarah: Auf jeden Fall sehe ich eine Frau, die immer mehr selbstbestimmt lebt. Die Freiheit ist mein höchster Wert. Es ist großartig, in der Lage zu sein, mein eigenes Ding zu machen. Durch „No time to eat" ist es mir möglich, vertreten zu sein, vielen Menschen zu helfen und zusätzlich Geld zu erwirtschaften, das mir wiederum die Möglichkeit schafft, ein selbstbestimmtes, freies Leben zu führen. Dies ist mein größter Traum, der gerade in Erfüllung geht und mich unglaublich glücklich macht. In drei Jahren wird „No time to eat" noch größer sein; derzeit bin ich auf dem Weg, bis 2023 eine Million Menschen zu erreichen. Das ist demnach das Ziel; ich möchte bis dahin eine Million Menschen erreicht und ihnen gezeigt haben, dass gesunde Ernährung total einfach ist. Dafür stehe ich. Das ist meine Mission und derzeit bin ich auf einem überaus guten Weg dorthin und hoffe, dass ich dieses Ziel bald erreiche.

Dave: Danke schön. Vervollständige bitte diesen Satz: „Schule ist für mich ..."

Sarah: Schule ist für mich ein Ort, den ich zwiegespalten betrachte. Auf der einen Seite bin ich extrem dankbar, dass wir hier in Deutschland in einem Bildungssystem leben wie diesem, in dem Bildung grundsätzlich jedem zugänglich gemacht wird, egal, wo er herkommt, und dass wir Rechnen, Schreiben und Lesen lernen. Das ist unabdingbar. Ich komme selber aus einer Lehrerfamilie und weiß daher, was Lehrersein bedeutet; das ist zum Teil eine sehr harte Arbeit. Ich finde es schrecklich, dass wir Lehrern heutzutage so geringe Wertschätzung entgegenbringen, den Beruf so abtun, als hätten sie immer Ferien und immer frei und darüber hinaus das Engagement von vielen Lehrern nicht sehen. Gleichzeitig sehe ich das Schulsystem aber auch kritisch. Meiner Meinung nach wäre es wichtig, dass die Schule uns auch beibringt, wie wir im Leben besser mit Dingen umgehen, wie wir mit

Geld umgehen, wie wir glücklich werden. Also sehr viel praktischere Faktoren. Wie schreibe ich eine Bewerbung? Wie miete ich eine Wohnung? Solche Dinge. Wie eröffne ich ein Bankkonto? Also Dinge, die viel mehr am Leben dran sind. Das fehlt mir in der Schule. Ich glaube, dass die Schule ein Ort ist, der die Menschen im Rahmen eines genormten Systems ausbildet; im Endeffekt geht es für die meisten nach der Schule an die Uni oder in eine Ausbildung. Man wird nicht zum Unternehmer ausgebildet. Natürlich muss nicht jeder ein Unternehmer werden, aber man sollte die Wahl haben. Deshalb würde ich mir wünschen, dass Schule uns in Zukunft dahingehend bildet, dass wir mehr Freiheit im Geiste haben. Damit wir letztendlich später besser für uns selbst entscheiden können, welchen Weg wir gehen möchten. Abschließend würde ich also sagen, dass Schule für mich wichtig ist, aber gleichzeitig falsche Schwerpunkte setzt.

Dave: Wenn du an jedem Tag nur noch höchstens eine Stunde arbeiten dürftest, was würdest du in dieser Stunde tun?

Sarah: Erst einmal finde ich diese Vorstellung schrecklich, weil ich es liebe, zu arbeiten. Ich bin mir bewusst, wie die 4-Stunden-Woche nach Tim Ferris gemeint ist, aber das ist nicht das, was ich anstrebe, weil ich unglaublich gerne arbeite und unglaublich gerne etwas erschaffe. Das heißt, wenn ich nur eine Stunde hätte, dann würde ich weiter an meinen Projekten arbeiten und etwas erschaffen, ein Produkt entwickeln, das Leuten Mehrwert bietet. In der Vergangenheit war das beispielsweise die Entwicklung meiner Rezeptbücher „No time to cook" und „No time to cook vegan". Pro Buch sind über 50 Rezepte und Ideen gegeben, für alle mit wenig Zeit, denn alle Rezepte bestehen aus maximal vier Zutaten und sind noch dazu in 0 bis 20 Minuten fertig. Der Grundgedanke dahinter war, dass es zwar viele sehr gute Rezeptbücher gibt, die gesunde Rezepte vorstellen, aber es dauert meist sehr lange, ist kompliziert und man muss 1.000 Dinge einkaufen. Ich hingegen möchte den Menschen den Alltag erleichtern. Deshalb möchte ich auch in Zukunft Dinge kreieren, die Mehrwert schaffen, die anderen Menschen meine Vision näherbringen, erfahrbar und erlebbar machen, dass gesunde Ernährung in Wahrheit sehr einfach ist. Ein paar Ideen habe ich auch schon. Die Antwort auf die gestellte Frage lautet demnach auf jeden Fall: erschaffen, Mehrwert bieten.

Dave: In was für einer Fernsehsendung wärest du gerne? Von Kochsendung bis Actionfilm ist alles erlaubt. Was würde inhaltlich in deiner Fernsehsendung passieren?

Sarah: Das kann ich ganz klar beantworten, denn es ist mein absoluter Traum: Ich bei Markus Lanz in der ZDF-Talkshow. Ehrlich gesagt, weiß ich nicht, warum. Ich möchte das. Mein Verlag und ich sind positiv, dass das neue Buch ein Bestseller wird und dass es die Runde macht, auch medial. Wenn ich dann irgendwann im ZDF bei Markus Lanz sitze, dann wisst ihr alle Bescheid, ich habe es geschafft, ich habe mir meinen Traum erfüllt. Talkshows mochte ich schon immer, ich finde das unglaublich spannend. Generell bin ich nicht so der Fernsehgucker, auch nicht der Filmegucker und ich lese auch nicht gerne Romane. Vielmehr bin ich gerne am realen Leben dran. Das heißt, ich finde es spannend, biografische Werke zu lesen oder vom Leben zu erfahren, gerne eben auch im gesprochenen Wort, von spannenden Menschen und Persönlichkeiten. Deswegen mag ich gut gemachte Talkshows sehr gerne, weil ich das sehr inspirierend finde. Die Vielfältigkeit der Menschen und was es alles in unserer Gesellschaft so gibt, finde ich immer wieder aufs Neue spannend. Diese Neugier wurde auch durch meine journalistische Vergangenheit gefestigt. Als Journalistin war ich viel unterwegs, ich habe Reportagen gemacht und so schon über 300, vielleicht auch 400 Interviews in meinem Leben geführt. Immer wieder musste ich mich berufsbedingt allerdings auch mit Menschen und Themen auseinandersetzen, die mich zunächst kaum interessierten. In der Praxis habe ich dann aber oft festgestellt, dass viele Themen bei genauerer Betrachtung durchaus spannend sein können, da man von jedem Menschen, mit dem man kommuniziert, lernen kann. Selbst, als ich im tiefsten Brandenburg unterwegs war und Reportagen über das Spargelstechen gemacht habe, fand ich es unglaublich spannend, mich mit einem Bauern zu unterhalten, der natürlich eine völlig andere Lebenswelt hat als ich. Man kann von jedem Menschen etwas lernen. Deswegen liebe ich Talkshows und zudem habe ich unglaublich Spaß daran, zu quatschen. Zu der Frage, was inhaltlich passieren würde, muss ich sagen, dass ich es grundsätzlich interessant finde, anderen Menschen zu helfen, Mehrwert zu bieten, Leuten Tipps zu geben. Aber da ich natürlich jetzt auch schon sehr viele Interviews gegeben habe und auch sehr oft die gleichen Fragen beantworte, finde ich es auch spannend, wenn Leute sich mal andere Fragen ausdenken. Oder wenn es vielleicht auch mal die eine oder andere Spielerunde gibt, da ich für Schabernack immer zu haben bin. Also, im Endeffekt schönes Infotainment, Unterhaltung und Information.

Dave: Stell dir mal vor, du würdest heute deinen persönlichen Highscore deines Lebens angezeigt bekommen, so wie beim Videospiel. Wo würdest du besonders punkten?

Sarah: Die Antwort auf diese Frage liegt ganz klar in den Themen Beruf, Markenaufbau, mein eigenes Business hochziehen. In diesen Feldern bin ich derzeit on top, da bin ich auf einer Welle, da lege ich meinen Fokus drauf, da packe ich meine ganze Energie rein, das ist gerade der Mittelpunkt meines Lebens. Der Erfolg von „No time to eat", der kam ja vermeintlich über Nacht. Als ich im März 2017 den Podcast „No time to eat" rausgebracht habe, ohne Budget, ohne Kontakte, ohne Werbung, da hätte ich mir nicht träumen lassen, was daraus einmal wird, und dann ging alles Schlag auf Schlag. Diese Entwicklung gibt mir eine derart starke Erfüllung, dass ich einfach meine komplette Energie darin investiere. Vor einem Jahr, da hätte ich wahrscheinlich gesagt, dass meine Gesundheit und mein Stresslevel noch ausbaufähig wären. Aber auch in diesen Bereichen bin ich gerade dabei, mehr zu lernen und Pause zu machen. Das ist etwas, was ich nicht so gut kann. Ich bin ein getriebener Mensch, ich bin ehrgeizig, ich bin ein Arbeitstier und Pause machen fällt mir manchmal schwer. Aber dennoch bin ich schon in einem sehr guten Mittelfeld bis ganz nach oben. Ein dritter Highscore wären wohl auch alle Faktoren, die soziale Beziehungen betreffen. Leider sind diese auch heute noch meist die Schattenseiten von Erfolg im Beruf. Viele erfolgreiche Menschen arbeiten so viel, dass sie manchmal regelrecht vergessen, sich mit anderen Menschen zu treffen, rauszugehen, einfach auch mal privat andere Dinge zu machen. Persönlich aber schaffe ich es immer besser, eine Balance zwischen Arbeit und sozialer Interaktion zu finden; deshalb wären auch hier meine Highscores schon relativ hoch.

 Dave: Du darfst dich mit nur einem Hashtag beschreiben. Welcher ist das und warum?

Sarah: Ganz klar: #Machen oder #Macherin. Das beschreibt mich extrem gut. Denn ich bin eine Person, die Dinge umsetzt, und habe innerhalb des letzten Jahres begriffen, dass all das Wissen und all das Gelaber nichts bringen, wenn man nicht ins Tun kommt. Im letzten Jahr habe ich sehr viel Zeit, Geld und Aufwand in meine persönliche Weiterentwicklung investiert und habe festgestellt, dass es die beste Investition war, die ich bisher tätigen konnte. Zusätzlich habe ich angefangen, anders mit Finanzen umzugehen, habe mein Auto verkauft und an verschiedenen Faktoren gespart. Beispielsweise kaufe ich mir fast keine Klamotten, bin dieses Jahr nicht im Urlaub gewesen. Gerade möchte ich auch keinen Urlaub machen, weil ich meinen Schwerpunkt anders gesetzt habe, nämlich auf mein persönliches Weiterkommen. Das, was ich in den Seminaren lerne, setze ich auch Schritt für Schritt um. Meistens gehen mir Dinge nicht schnell genug, weil ich so voller Elan bin. Aber ganz klar: #Machen oder #Macherin, das ist ein Hashtag, der mich gut beschreibt.

Dave: Welche verstorbene Persönlichkeit würdest du gern treffen und was würdest du sie fragen?

Sarah: Tatsächlich würde ich unglaublich viele Persönlichkeiten gerne treffen. Ein Beispiel aus der jüngeren Geschichte: Chester Bennington, der Sänger von Linkin Park, welcher sich vor einiger Zeit das Leben genommen hat. Er ist ein weiteres Beispiel für Stars, die mit ihrer Welt nicht klarkommen, obwohl sie vermeintlich alles haben. Sie haben den Erfolg, sie haben den Ruhm, sie haben das Geld. Aber sie scheinen nicht mit sich im Reinen gewesen zu sein, denn sonst hätten sie nicht so einen Struggle gehabt, dass sie sich umbringen oder in diesen Alkohol- und Drogenrausch derart reinrutschen, dass es sie killt. Mit so jemandem würde ich mich gerne mal unterhalten oder mit Kurt Cobain, dem Sänger von Nirvana, und fragen: „Was war das für eine Zerrissenheit? Was hat dir gefehlt, um daraus auch zu lernen?" Letztendlich auch, um die Erkenntnisse aus diesen Gesprächen anderen Menschen weiterzugeben. Ich glaube, das ist auch etwas, was ich von einem meiner Mentoren, Christian Bischoff, gelernt habe: Man muss mit sich selbst im Reinen sein. Du musst dich selbst lieben, dich selbst wertschätzen, um überhaupt im Leben voranzukommen und ein glückliches Leben zu führen. Ganz oft haben ja Menschen kein Selbstbewusstsein oder sie versuchen, sich Anerkennung von außen zu holen, fühlen sich nur wertvoll, wenn sie von außen Bestätigung bekommen, wenn sie schön sind, einen tollen Body haben und was Tolles machen und deshalb Anerkennung bekommen. Aber das Wort „Selbstwert", wie der Name schon sagt, ist der Wert in einem selbst. Der kommt nicht von außen, das ist nicht der Außenwert, es ist der Selbstwert. Sich das immer wieder zu vergegenwärtigen, ist ganz wichtig. Auch etwas, was ich eben jetzt gerade im letzten Jahr gelernt habe und sehr spannend finde. Deswegen würde ich mich gerne mit solchen Menschen treffen und ihnen das auch sagen. Aber dafür ist es zu spät.

 Dave: Was tust du, um nicht normal zu sein?

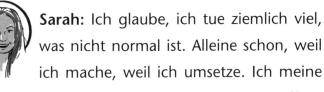 **Sarah:** Ich glaube, ich tue ziemlich viel, was nicht normal ist. Alleine schon, weil ich mache, weil ich umsetze. Ich meine das jetzt auch gar nicht in einem arroganten Sinn, dass ich mich über andere Menschen erhebe und sage: „Ich bin besser als die anderen. Ich bin wertvoller als die anderen." Das ist totaler Quatsch. Aber wenn ich mir so die Masse angucke, wenn ich mir auch Menschen aus meinem alten Umfeld anschaue oder Menschen, denen ich einfach so begegne, sei es im Fitnessstudio oder einfach unterwegs – die meisten Menschen sind nicht wirklich glücklich. Sie beschweren sich viel, gehen sehr negativ durchs Leben und vor allem übernehmen sie keine Eigenverantwortung. Egal, was ihnen passiert, sie glauben meist, dass ein anderer die Schuld trägt, oder machen ihre Kindheit dafür verantwortlich, dass sie etwas nicht machen können, oder sagen, dass sie nicht genügend Geld und keine Unterstützung haben. Jeder von uns hat so seine eigene Geschichte, seine eigenen Probleme. Ich selbst habe jahrelang Therapien gemacht, habe mit schwerwiegenden Problemen gekämpft, mit Essstörungen und auch

Konflikten in der Familie; jeder von uns hat das. Aber erst seit ich selbst die Eigenverantwortung für mein Handeln und mein Tun unternehme und mich nicht permanent an die Vergangenheit kralle, bin ich glücklich. Seitdem geht es mir besser und ich bin erfolgreich. Schon das ist etwas, von dem ich glaube, dass es heutzutage nicht normal ist. Auch, weil die meisten Menschen nicht reflektieren und nicht machen, nicht umsetzen. Es gibt eine wunderbare Übung, die habe ich auch von Christian Bischoff, bei der man durch eine Fußgängerzone läuft, die Hände gen Himmel reißt und ruft: „Ich bin ein Gewinner!" Ja, ist nicht normal. Das haben wir damals geübt in einem seiner Seminare und da habe ich noch gedacht: „Naja, gut, ich wohne in Berlin, da gibt es so viele Verrückte, das fällt jetzt auch keinem auf." Ich habe das dann einfach mal in Siegen, Westfalen, am Hauptbahnhof gemacht.

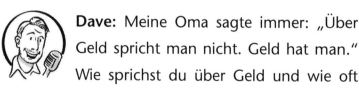 **Dave:** Meine Oma sagte immer: „Über Geld spricht man nicht. Geld hat man." Wie sprichst du über Geld und wie oft tauschst du dich darüber aus?

Sarah: Auch diese Ansicht ist etwas, das ich komplett für mich geändert habe. Früher habe ich immer gesagt: Geld ist mir nicht so wichtig. Ein Stück weit stimmt das auch, weil ich damit ausdrücken wollte, dass es mir immer wichtiger war, einen Job zu machen, der mir wirklich Spaß macht. Das war mir immer wichtiger, als viel Geld zu verdienen. Heute ist es so, dass ich ein sehr positives Mindset zu Geld habe und definitiv ganz viel Geld verdienen will, und das kommuniziere ich auch durchaus. Also, ich gehe jetzt nicht raus und erzähle jedem, dass ich Geld verdienen will, aber wenn ich mich mit anderen Unternehmern oder mit meinem Freundeskreis oder meiner Familie austausche, dann lasse ich auf jeden Fall anklingen, dass ich Geld super finde und auch gerne viel Geld haben will. Das liegt daran, dass Geld für mich Freiheit bedeutet, dass ich nicht abhängig bin von einem System oder für andere arbeiten muss. Überhaupt dieses „Ich muss da und da hingehen, weil ich meine Rechnungen bezahlen muss." Ich will so viel Geld verdienen, dass das für mich einfach keine Rolle mehr spielt; derzeit bin ich noch auf dem Weg, bin finanziell nicht frei, ich habe keinen Ferrari, ich habe keine Million, aber ich gebe alles dafür, um mir Wohlstand aufzubauen, um mich einfach selbstbestimmt durch mein Leben bewegen zu können. Zum Teil mache ich das jetzt schon, indem ich die meiste Zeit meiner Woche selber entscheide, wie mein Tagesablauf ist, wann ich zum Sport gehe, wann ich aufstehe, wann ich mich an den Laptop setze, wann ich telefoniere. Geld bedeutet für mich Freiheit, denn Geld bedeutet für mich Möglichkeiten. Wenn Geld da ist, kann man mit Geld auch viel Gutes machen und es spenden und es Bedürftigen geben. Das ist etwas, das ich auch mache. Ich gebe einen Teil meines Geldes ab. Geld verdirbt, meiner Meinung nach, auch nicht den Charakter, sondern zeigt viel mehr den Charakter, den man hat. Das heißt, wenn ich einem guten Menschen eine Million Euro gebe, dann würde er damit karitative Projekte starten und wenn ich einem Arschloch, auf gut Deutsch, eine Million Euro gebe, dann wird er damit vielleicht ein Drogenmafia-Imperium aufbauen.

Dave: Was sind deine drei wichtigsten Fähigkeiten, die du der nächsten Generation mitgeben möchtest?

 Sarah: Eine sehr wichtige Fähigkeit ist auf jeden Fall die Selbstreflexion. Sie ist die Basis, um das Leben wirklich in die Hand zu nehmen. Was mache ich eigentlich so den ganzen Tag? Bin ich glücklich? Nur wer sich selbst reflektiert, stellt sich auch selber in Gedanken kluge Fragen, so etwas wie: „Macht mich das eigentlich glücklich?" Ohne Selbstreflexion würde man vieles gar nicht bemerken, könnte man gar nicht achtsam sein. Meine zweite Fähigkeit ist eine Portion Mut. Ich bin ein sehr mutiger Mensch, bin aber zugleich auch ein sehr ängstlicher Mensch. Zum Beispiel habe ich vor jedem Gang zum Zahnarzt Angst. Mutig sein bedeutet aber nicht, keine Angst zu haben, sondern mutig sein bedeutet, etwas trotzdem zu tun, sich der Angst zu stellen. Das ist ganz wichtig. Wir brauchen Mut, um schwierige, unangenehme Situationen, die uns immer wieder im Leben begegnen, zu meistern. Aber das gelingt nur, wenn wir auch durch diese

Situation gehen und unsere Ängste besiegen – sei es unsere Flugangst, die Angst vorm Zahnarzt, sei es die Angst, irgendwo vor einer großen Gruppe Menschen zu sprechen, den Traummann oder die Traumfrau anzusprechen. Nur wenn wir das tun, unsere Angst überwinden, und dann, höchstwahrscheinlich, mit einem positiven Erlebnis rausgehen, nur dann erweitern wir unsere Komfortzone, nur dann ist Wachstum möglich.

Die dritte Fähigkeit ist das Geben. Ich habe gelernt, anderen Menschen was zu geben, ohne dafür direkt etwas zurück zu verlangen; das war vor ein paar Jahren auch noch anders. Natürlich war ich immer ein freundlicher Mensch und wenn mich jemand um Hilfe gebeten hat, dann habe ich natürlich auch geholfen. Inzwischen ist es aber so, dass, wenn ich einfach schon spüre, dass in meinem Umfeld Leute Hilfe brauchen, ich dann von mir aus auf sie zugehe und sage: „Hey, du suchst ja eine Wohnung, habe ich irgendwie mitbekommen, kann ich dich irgendwie unterstützen?" Zum Beispiel habe ich einem Bekannten geholfen, eine Art Motivationsschreiben für eine Wohnung zu schreiben. Er hat mich nicht darum gebeten, aber ich versuche, eine feine Antenne dafür zu entwickeln, was Leute brauchen, und versuche zu geben. Zum einen ist es unglaublich toll, Menschen etwas zu geben, ihnen helfen zu können, weil man sehr viel Dank zurückbekommt und zum anderen ist das ein Gesetz der Reziprozität. Du bekommst es irgendwann positiv zurück. Es gibt unglaublich viele Menschen, die, wenn ich sie jetzt in einer Notlage anrufen würde, mir mit Sicherheit auch helfen würden, weil sie wissen, ich bin auch immer für sie da. Demnach sind meine drei Fähigkeiten Selbstreflexion, Mut und Geben.

Dave: Wieso bleibst du nicht einfach immer, wie du bist?

Sarah: Weil Wachstum und Weiterentwicklung glücklich machen. Man hört öfters von Langzeitarbeitslosen, dass sie depressiv werden, weil sie das Gefühl haben, nicht gebraucht zu werden. Das, glaube ich, könnte auch stimmen, weil ihnen der Sinn fehlt. Ich glaube aber auch, dass ein Grund, warum Langzeitarbeitslose oft depressiv werden, ist, dass sie total auf der Stelle treten und sich nicht entwickeln. Ich finde Wachstum etwas Tolles. Es ist großartig, etwas zu lernen. Ich bereue nichts in meinem Leben, denn alle Entscheidungen, die ich getroffen habe, auch mit 16 oder mit 20, die ich heute sicher anders treffen würde, die habe ich damals nach meinem besten Wissen und Gewissen getroffen. Heute bin ich weiter. Aber ich treffe immer die für den jetzigen Augenblick beste Entscheidung. Deswegen bin ich froh um alle Entscheidungen, die ich getroffen habe, bin aber gleichzeitig auch unglaublich froh um das Wachstum. Es ist spannend, sich zu entwickeln und Dinge zu entdecken. Die Welt ist so vielfältig und ich habe da einfach sehr viel Spaß dran. Also, raus aus der Komfortzone, mutig sein, es gibt so viel Tolles zu entdecken.

https://instagram.com/sarah_tschernigow

Tobias Beck

Der motivierende Flugbegleiter aus Wuppertal mit bescheinigter Lernbehinderung inspiriert hunderttausende Menschen, endlich wieder das innere Kind an die Macht zu lassen. Nachdem ihm viele sein Leben lang sagten, was alles nicht geht, überzeugt er heute in seinen Büchern, in seinem Podcast und ganz besonders auf der Bühne und beweist das Gegenteil.

Dave: Stell dir bitte Folgendes vor: Wir sehen uns erst in drei Jahren wieder. Was denkst du, was für eine Person bist du dann?

 Tobias: In den nächsten drei Jahren sehe ich eine sehr große Veränderung auf die Gesellschaft zukommen, die ich als Tobi sehr gerne begleiten möchte, um Menschen zu sagen: „Es gibt noch mehr in deinem Leben als 40 Jahre arbeiten zu gehen, um danach Rente zu bekommen." Ich glaube, analog zu meinem Buch „Unbox your life" hat jeder Mensch einfach ganz viele Apps in sich und muss nur lernen, diese richtig benutzen zu können, um sein volles Potenzial zu entfalten. Meine Vision für die nächsten Jahre ist es, viel mehr Menschen davon zu überzeugen, dass in ihnen etwas Gigantisches lauert, dass ein Biest in ihnen steckt, welches endlich raus muss und auch raus darf. Das ist der Grund, warum ich jeden Morgen aufstehe. Durch unsere Masterclasses of Personality, durch alle Keynotes, die ich mache, weiß ich, welche Veränderung dort in Menschen stattfinden kann, wenn sie endlich ihr volles Potenzial leben. Wenn sie dann nach Hause gehen und in ihren Teich einen Stein werfen – das bedeutet in ihren lokalen Communities für Veränderungen sorgen –, dann haben wir unglaublich viel gewonnen. Bevor wir anfangen, die ganze Welt retten zu wollen, finde ich es wichtig, dass wir in den nächsten Jahren uns auch wieder um das Zuhause kümmern. Denn Erfolg beginnt für mich zu Hause. Erfolg beginnt für mich mit dem Umgang mit meiner Familie, mit meinen Kindern, mit meinen Verwandten und auch mit meinen Nachbarn. In China sagt man: „Wenn du bei dir vor der Tür sauber machst und du steckst deinen Nachbarn an, dann ist irgendwann die ganze Straße sauber und irgendwann der ganze Stadtteil und irgendwann die ganze Stadt." Das heißt, meine Vision für die nächsten Jahre ist es, noch mehr Menschen zu berühren, noch mehr Menschen das Gefühl zu geben, dass in ihnen wirklich etwas Großartiges steckt, ein Biest, welches raus muss. Wenn du mich dann auf der Straße siehst und mir sagst: „Tobi, du hast einen ganz kleinen Teil dazu beigetragen", wäre das die größte Ehre für mich. Ich werde mehr

Kinder und Jugendliche durch unsere Masterclass for Youngstars unterstützen. Das hat mir und meinem Team unglaublich viel Spaß gemacht und wir werden auch in Zukunft tausende von Jugendlichen mit auf den Weg nehmen, ihnen eben das zeigen, was uns in der Schule nicht beigebracht wird. Das ist unter anderem das Thema Persönlichkeitsentwicklung. Was macht uns Menschen glücklich? Wie verkaufe ich mich richtig? Wie kann ich vielleicht Firmengründer werden, anstatt mich irgendwo anstellen zu lassen? Die wichtigste Frage dahinter ist: „Was passt denn richtig gut zu mir? In was bin ich denn richtig gut?" Gerne bin ich derjenige, der ein bisschen mit auf diesem Weg hilft. Wenn wir damit auch noch Geld einnehmen bei den Erwachsenen – bei den Jugendlichen ist alles kostenlos – und somit etwas an die Gesellschaft zurückgeben können, indem die Ozeane noch sauber gemacht werden, dann haben wir auf jeden Fall gewonnen.

Dave: Danke schön. Vervollständige bitte diesen Satz: „Schule ist für mich ..."

Tobias: Schule ist für mich in der Form, in der sie gerade existiert, ein Konzept der Vergangenheit. Es war in der Vergangenheit sehr wichtig, Fachwissen anzuhäufen. Damit wurden große Karrieren gestartet, denn all diejenigen, die viel wussten, waren die, die in den 70er- und 80er-Jahren auch wirklich erfolgreich wurden und Führungskräfte in Unternehmen geworden sind. Heutzutage hat sich das komplett gedreht. Die Schule muss lernen, mit der künstlichen Intelligenz umzugehen. Zukünftig werden diejenigen nach ganz vorne kommen, die einfach die künstliche Intelligenz nutzen können und es Menschen dann eben auch weitergeben. Mich macht es unendlich traurig, dass die Schule so geblieben ist, wie sie ist. Wenn ich in Schulen bin, in denen ich teilweise auch spreche und Lehrer ausbilde in Superlearning, ist es so, dass es immer noch diese langen Gänge gibt, die nach Bohnerwachs und Spießigkeit riechen. Es gibt immer noch diese Spinde und Klassenräume, wo hinter Tischen auf Stühlen gelernt wird, alle hintereinander, der Lehrer steht vorne. Das ist für mich etwas, das weit weg ist von dem, was die Unternehmen, in denen ich tätig bin, suchen. Gleichzeitig weiß ich, dass es großartige Lehrer und Lehrerinnen gibt, die das Ganze mit verändern wollen. Für mich ganz persönlich war die Schule die bisher schlimmste Zeit in meinem Leben. Weil mich in der gesamten Schulzeit, in 13 Jahren, nie jemand gefragt hat: „Tobi, worin bist du wirklich gut?" Viel zu selten wurde mir gesagt: „Tobi, ich sehe irgendwas in dir." Eine Lehrerin hat das damals zu mir gesagt und dadurch bei mir etwas Großartiges bewegt. Sie hat mich angeguckt und hat gesagt: „Ich sehe was in dir." Diese Förderung des Potenzials ist erstrebenswert, im Gegensatz zu diesem Gießkannenprinzip, das irgendwelche Fächer über Kinder kippt, denn das hat bei mir zum Beispiel überhaupt nicht funktioniert. Ich glaube und weiß, dass es auch bei vielen anderen so ist. Wir sollten deshalb Kindern die Kraft geben, ihr Potenzial zu leben, ihre Lebensreise so zu erleben, dass sie in dem gefördert werden, worin sie richtig gut sind. Das wäre für mich der absolute Traum. Dafür bin ich bereit, eine Menge zu tun. Durch unsere Masterclass für Youngstars sind wir dabei und können genau diese Elemente zurückgeben: „Was kannst du richtig gut? Wie kannst du dich selbstständig machen? Wie wirst du eigentlich glücklich im Leben?" Das sind die Dinge, die für mich unglaublich wichtig sind. Deshalb ist für mich Schule immer noch eine Institution, die wichtig ist, die aber ganz schnell reformiert werden muss.

Dave: Wenn du an jedem Tag nur noch höchstens eine Stunde arbeiten dürftest, was würdest du in dieser Stunde tun?

Tobias: Wenn ich jeden Tag nur noch eine Stunde arbeiten dürfte, würde ich auf jeden Fall jeden Tag eine Podcast-Folge aufnehmen. Warum? Der Podcast-Markt wird jetzt gerade verteilt; es macht mich glücklich und dankbar, dass der „Bewohnerfrei"-Podcast im Bereich Wirtschaft immer auf den Plätzen 1 bis 5 rankt. Dabei habe ich mich am Anfang so gesträubt und gedacht: „Mein Gott, wann soll ich das denn noch machen?" Irgendwann habe ich dann aber gemerkt, wie viel Spaß das macht, Menschen zu interviewen, wie viel kostenfreies Coaching das für mich ist, diese großartigen Interviewpartner zu haben und dass ich in einem Markt tätig bin, der ausschließlich von der Community gerankt wird. Das heißt, weder die Medien noch sonst irgendein Wirtschaftseinfluss ist für den Podcast verantwortlich, sondern nur die User, nur diejenigen, die das hören. Warum ist das Medium Podcast für jeden von euch so unglaublich interessant? Ganz einfach: Egal, ob du etwas für die Masse machst, Menschen interviewst oder ob du Bienenzüchter bist und für andere Bienenzüchter etwas aufnimmst, stell dir einfach mal vor, du bist jeden Tag bei Menschen im Ohr. Egal, was die machen, ob die Sport machen, ob die bügeln, ob die reisen, ob die im Auto sitzen, im Flixbus sitzen – du bist einfach im Ohr. Das ist unglaublich kraftvoll. Die Zahlen wachsen immer weiter. Wir haben innerhalb von jetzt knapp anderthalb Jahren zwei Millionen Downloads generiert. Den „Bewohnerfrei"- Podcast gibt es jetzt bald bei der Lufthansa im Board-Programm, bei Eurowings, der AUA und der Swiss. Und das

Ganze vom Dachboden aus. Deshalb meine große Message: „Du darfst mit Dingen anfangen, bevor du dich fertig fühlst." Wenn du sehen würdest, wie das am Anfang bei mir im Dach ausgesehen hat. Ich habe die ersten Folgen dreimal aufgenommen, war schweißgebadet. Aber irgendwann ist das Ganze wie Autofahren. Dann macht das richtig Spaß. Du kaufst dir einmal ein gutes Mikrofon, setzt eine gute Kamera auf deinen Computer und dann fängst du einfach an. Wenn das dein Medium ist, kann ich dir nur raten, jetzt schnell anzufangen. Warum? In den USA ist es mittlerweile so, dass sich Menschen damit brüsten, in den Top-100- Podcasts zu sein, weil das Radio immer weiter abnimmt und Podcasts immer weiter zunehmen. Ich kann dir nur sagen, du bist gerade in einem Blue Ocean, wenn du jetzt mit deinem Podcast anfängst. Dadurch kannst du langfristig Produkte und Dienstleistungen genau an deine Zielgruppe verkaufen und lancieren. Aus diesem Grund bin ich total begeistert von diesem Medium. Am Anfang ist es mir echt schwergefallen. Hier nochmal mein Tipp: „Start before you are ready." Meine eine Stunde Arbeit pro Tag wäre der Podcast.

Dave: In was für einer Fernsehsendung wärest du gerne? Von Kochsendung bis Actionfilm ist alles erlaubt. Was würde inhaltlich in deiner Fernsehsendung passieren?

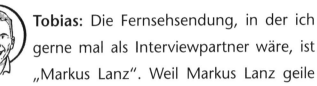 **Tobias:** Die Fernsehsendung, in der ich gerne mal als Interviewpartner wäre, ist „Markus Lanz". Weil Markus Lanz geile Gäste hat und einfach die richtig guten Fragen stellt. Um ehrlich zu sein, glaube ich, dass ich dort auch mal eingeladen werde, nicht, weil der Tobi ein toller Typ ist, sondern weil die Themen, die wir auf Lager haben, die Veränderung in der Persönlichkeit hin zu einem unabhängigen Leben, einfach unglaublich aktuell sind. Die Menschen stellen immer mehr die Warum-Frage und unsere Seminare sind ausverkauft. Deshalb wäre die Sendung „Markus Lanz" für mich eine Riesen-Ehre. Vor allem möchte ich gerne über das Thema Veränderungen in der Arbeitswelt sprechen und darüber, dass es Werte gibt, die Unternehmen haben, einen Ehrenkodex, weshalb Mitarbeiter dort anfangen zu arbeiten, und ein Warum anstatt eines Was. Früher war es so: Die Leute wollten einen

sicheren Job, ein sicheres Einkommen, eines Tages ein Reihenmittelhaus und ein Auto haben. Diese Zeit ist einfach vorbei. Es hat keiner mehr Bock auf ein Reihenmittelhaus, es will keiner mehr nur für Summe X im Monat arbeiten, sondern die Menschen streben nach einem großen Warum dahinter. Warum tun die Unternehmen das, was sie tun? Es gibt auch Themen, die direkt ins Leben einfließen. Wie zum Beispiel, dass man lernt, an andere Menschen etwas zurückzugeben, Verantwortung zu übernehmen, anstatt sie von uns zu weisen. Das wäre für mich ein richtig spannendes Format. Wenn das nicht funktioniert, würde ich gerne eine Sendung wieder aufleben lassen, nämlich „Eins, zwei oder drei". Das war meine Lieblingssendung als Kind. Da wäre ich aber nicht gerne Gast, sondern die würde ich mit Kindern moderieren, weil ich es liebe, mit Kindern zu arbeiten.

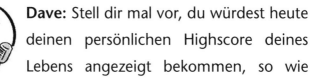 **Dave:** Stell dir mal vor, du würdest heute deinen persönlichen Highscore deines Lebens angezeigt bekommen, so wie beim Videospiel. Wo würdest du besonders punkten?

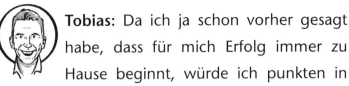 **Tobias:** Da ich ja schon vorher gesagt habe, dass für mich Erfolg immer zu Hause beginnt, würde ich punkten in der Beziehung zu meiner Frau Rita, die die Liebe meines Lebens ist und die mir einfach geschenkt wurde in einem Moment, an dem ich aufgehört habe, an die große Liebe zu glauben. Genau in diesem Moment kam sie. Meine Oma hat immer gesagt: „Wenn du die Frau triffst, die alles in deinem Leben verändert, mit der du bis ans Ende deiner Tage auf der Parkbank sitzt, dann weißt du das genau in dem Moment." So war es auch bei Rita. Noch dazu hat sie mir zwei wunderbare Geschöpfe, Wesen, Engel geschenkt und das sind Maja und Emil. Als die beiden geboren wurden, formte sich in meinem Kopf die riesige Erkenntnis, dass ich deshalb hier auf der Welt bin, um die Welt zu einem besseren Ort zu machen mit diesen Kindern. Wir haben uns auf die Fahne geschrieben, Lebensmomente einzusammeln, anstatt irgendwelche Güter anzuhäufen. Deshalb fahre ich mit den Kindern so viel ich kann durch die Welt, zeige ihnen die Welt. Vor allem werden sie bei uns geliebt. Denn Kinder,

die man liebt, werden zu Erwachsenen, die lieben. Ich glaube, dafür würde ich einen großen Highscore bekommen.

Bei den anderen Sachen müsste man eher Menschen in meinem Umfeld fragen. Ich glaube, dass ich einen Highscore dafür bekommen würde, andere Menschen wachzurütteln und sie zu inspirieren, ihr volles Potenzial zu leben. Weil ich glaube, dass an dem Tag, wenn wir gehen, wenn unsere Stunden vorbei sind hier auf dem Mutterschiff Erde, dann kommen die ganzen Begabungen und Geschenke, die wir bei der Geburt bekommen haben, aus unserem Körper heraus und sagen: „Hey, du hättest mich zum Leben erwecken können. Du hättest alles mit mir machen können und jetzt muss ich wieder gehen." Ich weiß, es klingt für einige ein bisschen abgefahren, aber ich glaube, ich würde einen Highscore bekommen von anderen, die gesagt haben: „Ja, durch Tobi kam dieser Aufschwung in mein Leben." So wie in der Physik dieser Schwung; wenn er einmal da ist, dann läuft es richtig sauber weiter und das wäre für mich das größte Geschenk, wenn Menschen das sagen könnten.

Dave: Du darfst dich mit nur einem Hashtag beschreiben. Welcher ist das und warum?

Tobias: Mein Hashtag ist #PippiLangstrumpfSyndrom oder #PeterPanSyndrom, was für mich genau das Gleiche ist. Denn seitdem ich ein kleiner Junge bin, mache ich mir die Welt einfach, wie sie mir gefällt. Trotz der ganzen Schulwechsel und Rausschmisse aus dem Kindergarten und dass mir in der Schule immer alle gesagt haben: „Du bist nicht gut genug." Ich habe mir irgendwie die Welt immer gemacht, wie sie mir gefällt, habe sie mir nach meinen Regeln gebaut. Heute weiß ich, dass nicht immer alles glänzt, aber gleichzeitig ist mir vollkommen bewusst, dass ich die Welt so sehen kann, wie ich sie will, und nicht schlimmer, als sie ist. Ich weigere mich einfach, erwachsen zu werden. Ich möchte mir weiter bis an meinen letzten Tag diese kindlichen Attribute behalten, diesen Blödsinn machen, dieses Licht in einen Raum bringen, dieses Freiheitsgefühl, das schon immer in mir brennt, die Welt umarmen zu wollen. Oft wurde ich früher in der Schule von Freunden belächelt, die mir immer gesagt haben: „Hey, Tobias, echt, die Welt ist nicht so locker und du kannst dir die nicht immer machen, wie es dir passt." Doch! Kann ich und ich fahre super damit. Ich muss nicht immer auf alles Negative gucken; deshalb habe ich zum Beispiel aufgehört, Nachrichten zu schauen. Es gibt eine Website, goodnews.com, da schaue ich mir gute Nachrichten an. Ich habe alle negativen Zeitgenossen aus meinem Handy verbannt, indem ich meine Handy-Liste aussortiert habe und all die Leute, die immer sagen, wie furchtbar alles ist. Wenn du dazu noch mehr Infos haben möchtest, geh mal auf YouTube und gib mal „Bewohnerfrei" ein oder „Wer sind die Superstars deines Lebens?" Ich beschäftige mich einfach mit Menschen, die mich nach vorne bringen und die mit mir gemeinsam die Welt verändern, anstatt immer mit der Lupe auf die Dinge zu gucken, die nicht gut sind und die nicht funktionieren. Deshalb gebe ich mir den Hashtag #PippiLangstrumpfSyndrom oder #PeterPanSyndrom. Einfach, weil ich mich weigere, erwachsen zu werden, und mir die Welt mache, wie sie mir gefällt.

Dave: Welche verstorbene Persönlichkeit würdest du gern treffen und was würdest du sie fragen?

Tobias: Ich würde gerne den für mich größten Schauspieler und Menschenleben-Veränderer aller Zeiten treffen, und das ist Robin Williams. Vor allem würde ich ihn fragen, wieso er sich das Leben genommen hat. Für mich war er einer der passioniertesten und großartigsten Menschen, die ich jemals gesehen habe. Die Filme „Patch Adams," wo er im Krankenhaus als Clown die Kinder glücklich macht, „Jumanji" oder "Mrs. Doubtfire". Er war so ein begnadeter Mensch. Ich persönlich glaube, dass in allen Genies auch ein bisschen Wahnsinn steckt. Wahrscheinlich hat ihn dieser Wahnsinn hinterher wirklich das Leben gekostet. Außerdem würde ich ihn fragen, wie er es geschafft hat, diese ganzen Filme mit solcher Perfektion, Liebe und Hingabe zu drehen, die mich immer noch unfassbar faszinieren. Mich macht es sehr traurig, dass er sich das Leben genommen hat. Denn für mich war er immer derjenige, der immer geglänzt hat. Gleichzeitig weiß ich, dass das Leben Yin und Yang ist und dass da, wo Licht ist, auch ganz viel Schatten ist. Gerade bei den Leuten, die viel auf Bühnen stehen. Auch die sind abends alleine im Hotelzimmer und haben manchmal Gedanken, die nicht so schön sind. Ich hätte unglaublich gerne die Gelegenheit, ihm zu sagen, dass noch so viel mehr auf ihn wartet und dass die Gesellschaft gerade erst dabei ist, zu begreifen, dass es noch etwas Größeres gibt auf der Welt und dass sie bereit ist, an ihr Warum zu gehen. Vor allem aber würde ich ihm deutlich machen, dass gerade solche Menschen wie er einen unglaublichen Beitrag dazu leisten. Durch seine Filme gibt er Kraft. Auch mir hat er damals unglaublich viel Hoffnung gegeben in einer Zeit, in der es mir nicht gut ging, beziehungsweise, als ich überhaupt nicht wusste, welche Passion ich verfolgen soll, und ich habe diesen Film, wo er im Krankenhaus die Kinder glücklich macht, glaube ich, 50-mal gesehen und er hat mich sehr bewegt. Eben dieser Film ist einer der Gründe, warum ich unbedingt eine Zeit lang Kinderarzt werden wollte, dann wollte ich unbedingt Zirkusclown werden. Manche werden sagen: „Ja, Tobi, du bist ja auch Clown geworden." Und ja, ich mache gerne Blödsinn und gebe Menschen einfach das Lachen zurück, welches ihnen leider oft fehlt.

Dave: Was tust du, um nicht normal zu sein?

 Tobias: Ich glaube, alle Menschen in meinem Umfeld sagen: „Wenn ein Mensch nicht normal ist, dann ist es Tobi." Ich war immer schon derjenige, der die bekloppten Dinge gemacht hat. Als alle nach der Schule studieren gegangen sind oder eine Ausbildung gemacht haben, bin ich erstmal komplett alleine mit dem Rucksack durch Brasilien getingelt, war dann in Ecuador und auf den Galapagosinseln, weil ich unbedingt diese Schildkröten sehen wollte, von denen es nur noch ganz wenige Exemplare gibt. Heute bin ich auch alles andere als normal. Wenn du mir sagen würdest, ich sei normal, wäre das echt eine Beleidigung, denn ich versuche andauernd, an meine persönlichen Grenzen zu stoßen, dass eben „normal" in meinem Leben einfach gar kein Fundament hat. Ich gebe mal ein Beispiel: Ich war dieses Jahr bei Dr. Joe Dispenza eine Woche auf einem Retreat, wo du jeden Tag meditierst von morgens um fünf bis abends um zehn. Ich habe vorher in meinem ganzen Leben noch nie meditiert und dann fahre ich da hin. Da waren ganz besondere Leute, die da sofort irgendwie im Universum waren und da ins Nirvana geschossen wurden. Aber ich saß da in der Mitte und hatte noch nie meditiert; dennoch habe ich es durchgezogen. Das ist nicht normal, glaube ich. Eine Woche später war ich dann im Warrior Camp in den Pyrenäen, um an meine physische Leistungsgrenze zu kommen, weil immer alle sagen: „Oh, Tobi, mach doch mal ein bisschen mehr Sport. Mal gucken, was da in dir steckt." Irgendwie wollte ich es mir dann eben mal beweisen, aber hätte ich gewusst, was man da machen muss, wäre ich auf gar keinen Fall hingefahren. Auch das ist nicht normal. Ich glaube, es ist sogar eines meiner Ziele und Werte, nicht normal zu sein. Sozusagen die ganze Zeit die Welt zu testen, was denn überhaupt normal ist. Meiner Definition nach ist es vollkommen in Ordnung, verrückt zu sein. In der Frage zuvor habe ich bereits gesagt, dass ich am Peter-Pan- und Pippi-Langstrumpf-Syndrom leide und die dürfen einfach nicht normal sein. Die müssen verrückt sein, denn den Verrückten gehört die Welt. Meiner Erfahrung nach sind die Leute, die wirklich was Großes reißen, also diejenigen, denen in Innenstädten Denkmäler gebaut werden, alle verrückt. Die sind alle nicht normal.

Dave: Meine Oma sagte immer: „Über Geld spricht man nicht. Geld hat man." Wie sprichst du über Geld und wie oft tauschst du dich darüber aus?

Tobias: Geld ist für mich nichts anderes als Energie, wie alles im Leben Energie ist. Es ist in Ordnung, sehr viel Geld zu haben, weil Geld nur Energie und im Übermaß vorhanden ist. Viele Großeltern sagen: „Über Geld spricht man nicht" oder „Darüber tauscht man sich nicht aus", aber wenn ich nicht über Geld gesprochen oder mich über Geld ausgetauscht hätte, wäre das so, als würde ich mich nicht über Sex, Politik und Religion austauschen. In den USA machen wir das vielleicht nicht. In Deutschland finde ich das extrem wichtig. Genauso finde ich es aber hier wichtig, mahnend zu sagen, dass Geld keinesfalls glücklich macht und es immer nur dann zu einem zurückkommt, wenn man sich in den Dienst der Gemeinschaft stellt.

Zum Beispiel, indem ich in Deutschland meine Steuern zahle und vor allem auch etwas an andere zurückgebe, in dem Maß, in dem mir das als Mensch möglich ist. Ich habe gelernt, dass es so viele spannende Dinge gibt, die mit Geld machbar sind, und ein Grundsatz dahinter ist natürlich, dass Geld Geld macht und kein Geld kein Geld macht. Es gibt Menschen, die sich einfach unfassbar gut mit Geld auskennen. Mein Finanzberater, der hat mir Sachen gesagt und gezeigt, die ich kaum glauben konnte. Aber es funktioniert einfach. Früher habe ich mich sehr stark über Geld und über das Außen definiert. Es gab eine Zeit in meinem Leben, als ich einen dicken SLK gefahren bin und ein Penthouse hatte mit einem Pool; ich bin so froh, dass diese Zeit vorbei ist, dass ich jetzt mit meiner Ente und mit meinem Käfer meine Kinder vom Kindergarten abholen kann und dass diese monetäre Suche, diese Gier nach mehr, nach mehr Anhäufen von Kapital, einem Gefühl des Zurückgebens und einem Gefühl des Glückes gewichen ist. Heute ist das für mich so viel wichtiger. Gleichzeitig verstehe ich natürlich, dass Menschen auch im Außen Güter sammeln wollen. Für mich persönlich ist Geld einfach in völliger Masse da, im Universum, und das muss man sich einfach nehmen. Ansonsten habe ich mir einfach auf die Fahne geschrieben, Lebensmomente anstatt Güter zu sammeln. Damit fahren meine Familie und ich sehr gut. Gleichzeitig muss ich mir, wenn alles gut läuft, was Finanzen angeht, keine Gedanken mehr machen, weil ich ein paar kluge Investitionen gemacht habe. Das steht einfach jedem frei.

Dave: Was sind deine drei wichtigsten Fähigkeiten, die du der nächsten Generation mitgeben möchtest?

Tobias: Die wichtigste Fähigkeit, die ich ausbauen durfte, oder vielmehr, die ich gelernt habe auszubauen, ist das Geben. Denn für mich ist Geben das neue Haben. Wenn ich andere Menschen glücklich mache, dann werde ich glücklich. Wenn ich andere Menschen bedingungslos liebe, werde ich geliebt, wenn ich andere Menschen erfolgreich mache, werde ich erfolgreich. Was ich damit meine, ist, wenn ich von Anfang an alles mit der Intention mache, andere Menschen groß zu machen – das ist mir in den letzten Jahren durchaus gelungen –, dann wird dir in deinem

Leben das Gleiche automatisch passieren. Die zweite Fähigkeit, die ich gerne mitgeben möchte, die mir selbst auch gut gelingt, ist das Präsentieren, Verkaufen und das Erzählen von Geschichten auf der Bühne. Über die letzten Jahre verteilt, habe ich gelernt, die Maske fallen zu lassen, mein Ego zurückzunehmen, über das Warum, anstatt über das Was, zu sprechen und meine Emotionen auch ehrlich mit anderen Menschen zu teilen. Früher habe ich immer gedacht, dass Menschen es nicht mögen, wenn man verletzbar ist. Dazu gibt es viele Studien, die zeigen, dass Vulnerability, also Verletzbarkeit, das ist, was Menschen am faszinierendsten überhaupt macht. Ich glaube, ich habe mittlerweile durch langes Üben gelernt, meine Verletzbarkeit nach vorne zu stellen, und dass es in Ordnung ist, nicht perfekt zu sein, Macken zu haben, die dann wie Special Effects wirken, und sich selbst nicht so ernst zu nehmen. Das ist vielleicht auch die dritte Fähigkeit. Ich kann über mich lachen, über meine Fehler lachen, bin ein Tollpatsch, bin so ein Körper-Klaus. Mir muss man Dinge andauernd dreimal sagen. Ich bin manchmal echt auch schwer von Begriff, was einige Sachen angeht. Wenn ich über all die Dinge lachen kann und mich selbst nicht so ernst nehme, dann fahre ich meist sehr gut damit. Diese genannten sind die drei Fähigkeiten, die ich gerne meinen Kindern mitgeben möchte. Vor allem aber dürfen die lernen, dass sie gut so sind, wie sie sind, und dass sie geliebt werden, egal, was kommt. Genau das empfinde ich mittlerweile auch, nämlich, dass ich niemandem mehr etwas beweisen muss, dass ich mit niemandem im Wettbewerb stehe. Der Markt ist so unfassbar groß und es ist für alle etwas da.

Dave: Wieso bleibst du nicht einfach immer, wie du bist?

Tobias: Also, manchmal gibt es ja so eine Nachricht zum Geburtstag: „Hey Tobi, bleib so, wie du bist." Auf gar keinen Fall. So viele Philosophen und Gelehrte sagen: „Wenn wir aufhören zu lernen, hören wir auf zu leben und hören auf zu wachsen." Viel zu oft sehe ich Menschen, die sich ihr Leben lang auf die Rente freuen, um danach Dinge zu tun, auf die sie 40 Jahre gewartet haben. Ich möchte jetzt die Welt umarmen und ich möchte auf keinen Fall so bleiben, wie ich bin. Ich möchte mich weiterbilden. Ich stecke unglaublich viel Geld in Persönlichkeitsentwicklung, in Dinge, die mich weiter nach vorne bringen, damit ich eben anderen Menschen weiterhelfen kann. Dieser Satz, „Bleib so, wie du bist", ist für mich die größte Beleidigung, die mir jemand sagen könnte. Denn wir, also mein Unternehmen und ich, haben gerade erst angefangen, sind wie beim Bogenschießen dabei, diesen Pfeil quasi nach hinten zu spannen, und haben noch so viele Projekte vor. Unsere Masterclass für Youngstars wollen wir mit Tausenden von Jugendlichen machen und auch für die Oceancleaner wollen wir so viel mehr machen. Deshalb darf ich nicht so bleiben, wie ich bin, und werde mich weiter ausbilden lassen. Im nächsten Jahr werde ich weiter mit Les Brown in die Ausbildung gehen und ich habe gelernt, dass jedes Mal, wenn ich etwas Neues lerne, ich in einem Raum stehe, den ich vorher nicht gekannt habe, dort immer noch viele weitere Türen sind, die weitergehen. Für mich bedeutet Leben Wachstum. Wachstum ist Leben. Wie bei jeder Pflanze: Wenn wir aufhören zu wachsen, sterben wir. Deshalb freue ich mich, nicht so zu bleiben, wie ich bin.

Karl Ess

Karl will nicht jedem gefallen, er benennt es knallhart binär: eins oder null, schwarz oder weiß – entweder er wird geliebt oder gehasst. Als veganer Fitness-YouTuber wurde er bekannt und reich, weiß aber auch in andere Geschäftsfelder zu investieren und seinen Erfolg zu vermehren.

Dave: Stell dir bitte Folgendes vor: Wir sehen uns erst in drei Jahren wieder. Was denkst du, was für eine Person bist du dann?

 Karl: Du triffst in drei Jahren eine Person, die dafür sorgt, dass man sich in Deutschland deutlich gesünder ernährt. Ich sorge dafür, dass Mitarbeiter eine Human Resources Software haben, die sie deutlich besser fortbildet, die sie bei Motivationsthemen besser unterstützt, aber auch bei charakterlichen Themen, bei Themen zu Ernährung und Bewegung, und die sie produktiver macht. Dann trifft man jemanden, der im Bereich Social Media vom Bodybuilding weg ist, viel im Bereich der Förderung des Unternehmertums und der Politik macht, und jemanden, der ein extrem geordnetes, sortiertes und spannendes Leben hat. Also, das sind meine Hauptpunkte für die nächsten drei Jahre.

Dave: Ja, danke schön. Vervollständige bitte diesen Satz: „Schule ist für mich …"

 Karl: Eine ganz rudimentäre Grundausbildung, vor allem in den Themen Geschichte, Sprachen und Mathematik. Teilweise ist Schule aber definitiv auch negative Konditionierung, denn ich bin in der Schule mit sehr vielen Lehrern zusammen, die teilweise keine Unternehmer sind, die nicht sehr viel über Politik sprechen dürfen, die wirtschaftlich meistens nicht sehr engagiert sind. Deswegen ist für mich Schule nur eine ganz kleine Grundausbildung, mit teilweise sogar negativem Touch. In Deutschland ist Schule für mich viel zu theorieorientiert. In den USA beispielsweise geht man die Schule etwas anders an; da hat man ein Projekt und will ein Ergebnis haben. Man simuliert auch oftmals reale Situationen, reale Probleme; da schließt man sich in Gruppen zusammen und arbeitet dann an einem Projekt. Der Lehrer geht dann von Gruppe zu Gruppe und hilft einem immer bei echten Problemen, mit denen man direkt in dieser Situation konfrontiert wird. In Deutschland aber ist es so, dass wir einen Lehrer vorne stehen haben, der 45 bis 90 Minuten referiert; das ist einfach nicht realitätsnah. Deswegen finde ich, dass die Schule auch sehr viele Schwierigkeiten hat

 Dave: Wenn du an jedem Tag nur noch höchstens eine Stunde arbeiten dürftest, was würdest du in dieser Stunde tun?

 Karl: Ich würde in dieser einen Stunde zu 50 Prozent Content produzieren, also Videos machen, und in den anderen 30 Minuten würde ich Systeme bauen, Mitarbeiter schulen und Abläufe systematisieren, organisieren und weiter automatisieren.

 Dave: In was für einer Fernsehsendung wärest du gerne? Von Kochsendung bis Actionfilm ist alles erlaubt. Was würde inhaltlich in deiner Fernsehsendung passieren?

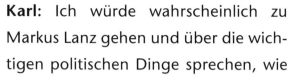 **Karl:** Ich würde wahrscheinlich zu Markus Lanz gehen und über die wichtigen politischen Dinge sprechen, wie das Steuerthema. Warum bezahlen bei uns die Menschen, die das wenigste Geld und die schlechteste Kaufkraft haben, also die Mittelschicht und teilweise auch die Unterschicht, die meisten Steuern? Warum ist unser Schulsystem so, wie es ist? Warum werden in den Medien nicht die wichtigsten Dinge thematisiert, sondern immer so Ablenkmanöver veranstaltet? Wenn es dann zu Handgreiflichkeiten kommen würde, würde ich den Markus Lanz und sein Team wahrscheinlich am Genick packen, bisschen schütteln und einfach mal ein bisschen Real Talk raushauen.

 Dave: Stell dir mal vor, du würdest heute deinen persönlichen Highscore deines Lebens angezeigt bekommen. So wie beim Videospiel. Wo würdest du besonders punkten?

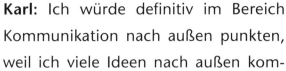**Karl:** Ich würde definitiv im Bereich Kommunikation nach außen punkten, weil ich viele Ideen nach außen kommunizieren muss. Auch würde ich definitiv im Bereich Überzeugungskraft punkten, da ich meine Ideen nach außen verkaufen muss. Weitergehend wahrscheinlich im Bereich Neugier, denn ich bin neugierig, wissbegierig und will immer neue Dinge lernen. Ich bin sehr offen. Es gibt aber auch Dinge, mit denen ich kaum punkten würde. Ich bin noch nicht so organisiert und so systematisiert, wie ich sein will, und wahrscheinlich noch nicht so selbstreflektiert, wie ich sein will. Ich würde mich selber gerne besser einschätzen können. Gut punkten würde ich bei Mut, Ehrlichkeit und Freiheit. Denn das große Problem, das wir alle haben, ist, dass die meisten Menschen es sich nicht leisten können, ihre ehrliche Meinung zu sagen, mutig zu sein und zu ihren Dingen zu stehen. Die wenigsten Menschen positionieren sich, bilden ihre eigene Meinung und äußern sie zu kritischen Themen, weil sie Angst um ihren Job haben. Was denkt der Chef, was denkt die Familie? Werde ich

überhaupt noch irgendwo eingestellt, wie schaut es denn finanziell bei mir aus? Ich dagegen bin so unabhängig, dass ich es mir leisten kann, meine Meinungen zu äußern. Das ist eigentlich mitunter mein größter Luxus.

Dave: Du darfst dich mit nur einem Hashtag beschreiben. Welcher ist das und warum?

Karl: Ich würde #Lifebuilder nehmen. Ich war anfangs Bodybuilder und jetzt bin ich Lifebuilder. Ich baue quasi mein Leben in allen Bereichen so auf, wie ich es haben möchte. Vielleicht würde ich auch sagen Lifedesigner, also Lebensdesigner, denn ich designe mir meinen Freundeskreis, meine Arbeit, meine Projekte, meinen Alltag, mein ganzes Leben und meine Beziehungen so, wie ich es möchte.

Dave: Welche verstorbene Persönlichkeit würdest du gerne treffen und was würdest du sie fragen?

Karl: John F. Kennedy würde ich gerne treffen und ihn fragen, ob er wusste, dass man ihn wahrscheinlich umbringt, weil er das Geldsystem in den USA, also die Federal Reserve Bank, ein bisschen aufmischen wollte. Denn wir werden von Geld regiert, und zwar von Menschen, die das Geldsystem unter Kontrolle haben. Das würde ich ihn gerne mal fragen.

Dave: Was tust du, um nicht normal zu sein?

Karl: Tatsächlich habe ich früher Dinge getan, um normal zu sein, nicht andersherum. Aber das, was ich als normal sehe, ist in der Gesellschaft nicht normal. Also, sich eine eigene Meinung zu bilden und nachzurecherchieren, statt einfach anderen nachzusprechen, das ist nicht normal, und dennoch tue ich es. Sich selbstständig zu machen, sein eigenes Business aufzubauen, ist nicht normal, tue ich aber. Mehrere Unternehmen aufzubauen, sehr viel ins Risiko zu gehen, ist nicht normal, ich tue es aber.

Extrem stark in der Öffentlichkeit leben, auch viel Privatsphäre zeigen, ist nicht normal, tue ich aber. Dann: Extrem viel reisen ist wahrscheinlich auch nicht normal, aber ich tue es. Sehr vielen Menschen helfen und dafür wenig Anerkennung kriegen, ist nicht normal, tue ich aber. Ich würde sogar sagen, ich bin trotz meiner Reichweite einer der Unterbewertetsten in Deutschland, die es gibt. Hohe Meinung, ist aber so.

 Dave: Meine Oma sagte immer: „Über Geld spricht man nicht. Geld hat man." Wie sprichst du über Geld? Und wie oft tauschst du dich darüber aus?

 Karl: Ich spreche extrem häufig über Geld und bin sehr transparent damit, denn ich denke mir immer, wenn das Finanzamt wissen darf, wie viel ich verdiene, warum sollte es dann nicht jeder wissen. Eine andere Ansicht verstehe ich eigentlich gar nicht. Zum Beispiel kann ich sagen, ich habe für 2006 nochmal 50.000 Euro Steuern nachgezahlt, nachdem ich schon einen Riesenbatzen Steuern bezahlt habe.

Ein weiterer Punkt: Ich habe ja eine Systemgastronomie. Der erste Laden ist in München-Bövinghausen, wo ich letztes Jahr mehrere tausend Euro Umsatzsteuer gezahlt habe. Dann baut mir die Stadt drei Monate lang eine Baustelle vor meinen Laden hin. Wenn ich jetzt beispielsweise eine italienische Eisdiele hätte, wäre ich pleite gegangen. Meine ganze Familie wäre mit mir pleite gegangen. Da bin ich zur Stadt gegangen und habe gesagt: „Hey, ich habe doch letztes Jahr ein paar hunderttausend Euro Umsatzsteuer bezahlt, könnte ich nicht ein bisschen von diesem Geld zurückhaben, um meine Umsatzeinbußen, die wegen euch zustande kommen, zu kompensieren?" Da kam keine Antwort. Deshalb würde ich auch dafür sorgen, dass Politiker und Ämter an der Wirtschaft dran sind und Rede und Antwort stehen müssen. Ich würde dafür sorgen, dass Unternehmen wie Amazon, Google und Apple in Deutschland Steuern zahlen, damit es in Deutschland fairer zugeht.

Meiner Meinung nach muss man über Geld sprechen. Die reichen Menschen möchten nicht, dass ihr über Geld sprecht, weil die euch kleinhalten wollen. Die Reichen wollen nicht, dass das Volk über Geld spricht und sich finanziell bildet. Denn dann würde man dahinterkommen, was finanziell so abläuft, und das ist teilweise eine Riesensauerei. Ich spreche sehr offen über Geld, über finanzielle Intelligenz und wie viel Geld ich verdiene. Falls es jemanden interessiert, es sind im Regelfall sechsstellige Summen im Monat, noch nicht siebenstellig; dazu kommen wir aber auch noch.

Dave: Was sind deine drei wichtigsten Fähigkeiten, die du der nächsten Generation mitgeben möchtest?

Karl: Meine wichtigste Fähigkeit Numero eins ist, selber Ideen im Kopf zu entwickeln, zu verstehen, was gut für mich und die Gesellschaft ist, und diese Ideen tatsächlich zu kommunizieren. Entscheidungen zu treffen, Ideen zu finden und zu bewerten, was ist gut und was ist schlecht, welche Projekte ich machen soll, welche Informationen ich nach außen trage, wofür ich kämpfe – das sind extrem wichtige Fähigkeiten. Fähigkeit Numero zwei ist: Wie verkaufe ich diese Idee und überzeuge die Menschen davon?

Punkt Numero drei: Wie kann ich mich ständig weiterentwickeln und Teams aufbauen. Denn alleine kann niemand was reißen. Wie kann ich jetzt meine Vision so kommunizieren, dass Menschen mit mir zusammenarbeiten wollen, und wie kann ich Teams organisieren, strukturieren, systematisieren, verwalten und weiter skalieren? Ganz wichtige Fähigkeiten.

Dave: Wieso bleibst du nicht immer einfach, wie du bist?

Karl: Zu bleiben, wie man ist, ist der größte Schwachsinn. Wenn du beispielsweise dick, ungesund, ungebildet bist, schlechte Manieren hast und dir jemand sagt: „Bleib so, wie du bist", dann muss ich der Person sagen, dass sie komplett daneben ist. Du solltest dir überlegen: Wie möchtest du sein, wie möchtest du dich selber und dein Leben designen, wie möchtest du laufen, wie möchtest du sprechen, wie möchtest du aussehen, wie möchtest du dich kleiden? Mit welchen Menschen möchtest du zusammenarbeiten, wo willst du hinreisen, was willst du aufbauen, was willst du sehen? Und wenn du das weißt, dann schaust du dir Menschen an, die das erreicht haben, die diesen Weg vorgegangen sind, und dann machst du diese Menschen erstmal nach. Wie bei einem Instrument. Du musst zuerst die Noten lernen, dann musst du die Regeln lernen, dann musst du andere Komponisten nachspielen, und dann, wenn du spielen kannst, dann bringst du deinen eigenen Charakter mit rein. Dann fängst du an, zu improvisieren, deinen Weg zu gehen, aber zuerst solltest du nicht so sein, wie du bist, du solltest dir überlegen, wie du sein willst, und dann nachahmen. Und nach und nach kommst du auf deinen eigenen Charakter. Du musst also zuerst deinen eigenen Weg verlassen, neue Wege gehen, um wieder zurückzufinden zu deinem eigentlichen Weg, den du in deinem Herzen gehen möchtest.

Das letzte Wort hat Dave

Das letzte Wort hat Dave

Vielen Dank für deine Aufmerksamkeit und deine Lust an diesem Buch! Ich persönlich bin überglücklich, diese Seiten zu lesen und diese tiefen Einblicke zu erhalten. Meine Gäste sind zu Recht grandiose und erfolgreiche Persönlichkeiten, und ich finde, die Auswahl war ideal für dieses Buch. Letztendlich kam alles genau so, wie es kommen sollte und musste. Du, lieber Leser, bist ein ganz besonderer Mensch, dein Glück und dein Erfolg sind zum Greifen nahe und heute ist der beste Tag deines Lebens, bis jetzt! Du hast das Umfeld, das du dir wünschst.

Mein Freund Dirk sagte im September 2018 das erste Mal den folgenden Spruch zu mir, über den ich lange nachdenken musste: „Das Bessere ist der Feind des Guten!" So ist es.

Steve Jobs würde sagen: „Stay hungry!", also bleib hungrig! Weiterbildung, Wachstum und persönliche Entwicklung hören niemals auf! Frei nach dem Zitat aus dem Lied „Lot of Signs" von Dynamite Deluxe und Patrice:

> *„Denn wenn du am Ende bist,*
> *bist du nicht am Ziel, sondern tot."*
> *(Samy Deluxe)*

Scheiß auf alle Bremser, Neider, Kritiker und Lehrer, denen du bis heute irgendwelche Rechtfertigungen in deinem Bewusstsein schenktest. Etwas zu kritisieren, ist leichter, als etwas zu erschaffen; die Bewerter sind nicht in der Arena, hör nicht auf sie, denn sie spielen nicht mit. Niemand kennt dich so gut wie du dich selbst, wenn du dich reflektierst! Aber Vorsicht! Es ist erstaunlich, was wir zu fressen bereit sind, nur um unsere Strukturen zu erhalten, die uns über Jahre antrainiert wurden. Die Glaubenssätze, die wir uns selber einreden, sind die härtesten Nüsse, die wir knacken müssen.

Soeben (während ich dieses Kapitel schreibe!) erreicht mich diese E-Mail von Felicia, die ich, gekürzt, mit euch teilen möchte:

Hey Dave,

auf der Rückfahrt heute Morgen, nachdem ich meinen Knaben zum Bus gebracht hatte, wir wohnen in einem Dorf südlich Berlins, kam mir der Gedanke für einen deiner philosophischen Exkurse. Und zwar dachte ich zuerst darüber nach, warum ich sehr viel von deinem Content aufnehme, obwohl es ja auch noch viele andere interessante Geschichten da draußen gibt. Also, was unterscheidet dich für mich von den anderen. Ganz habe ich mir die Frage noch nicht beantwortet, aber es geht in die Richtung unaufgesetzte, menschlich-natürliche Authentizität, trotz Erfolg man selbst geblieben zu sein.

Hier an der Stelle fiel mir auf, dass ich ja viele interessante Vorträge gehört habe (YouTube/Podcast), mich aber an einem bestimmten Punkt immer abwende, wenn es mir zu schmierig, zu professionell und geschäftlich wird und der eigentliche Mensch dahinter gar nicht mehr wirklich zu erkennen ist. Das Gefühl habe ich anscheinend bei dir nicht. (...)

Auf die gesamte E-Mail werde ich ausführlich in meinem 5 IDEEN-Podcast eingehen.

Es ist schicksalhaft, dass mich diese E-Mail just in dem Moment erreicht, in dem ich dieses Schlusswort schreibe. Was Felicia hier anspricht, ist ein super Punkt. Wir Menschen sind „Herdentiere" und möchten gern von der Gemeinschaft angenommen und akzeptiert werden. Allerdings bin ich kein Opportunist und muss nicht jedem gefallen. Ich denke, dass meine Art genau die Menschen anzieht, mit denen ich auch gerne Umgang habe. Der zweite Punkt ist meine Freiheit. Ich werde niemals müde, von Freiheit zu predigen, denn sie ist unser größter Vermögenswert. Ohne Freiheit ist alles andere nichts wert. Wenn du frei bist, kannst du dir eine eigene Meinung erlauben und darfst bestimmen, was du wann und wo machst. Deswegen zahlen alle meine Tätigkeiten auf mein Freiheitskonto ein. Und wie Michael Serve in seinem Buch „Das Fuck-You-Money Privileg" aufzeigt, sollte jeder eine Liquiditätsreserve (nicht nur Geld) vorhalten, um es sich leisten zu können, „Nein" zu sagen. Zu viel Abhängigkeit macht unfrei und das möchte ich nicht.

Authentizität bedeutet für mich, die Freiheit zu haben, so zu sein, wie ich bin. Und wer die Wahrheit sagt, braucht kein gutes Gedächtnis. Ich habe ein dickes Fell und durch meine Erfahrungen auch wenig Angst, irgendwo anzuecken; das gibt mir die Freiheit, auf die jeder ein Recht hat.

Glück und Erfolg sind Kopfsache. Das heißt nicht, dass es einfach ist; deswegen wagen so viele nicht, den Weg zu gehen. Aber es lohnt sich!

„Dieser Weg wird kein leichter sein, dieser Weg wird steinig und schwer. Nicht mit vielen wirst du dir einig sein, doch dieses Leben bietet so viel mehr."
(Xavier Naidoo)

Mach was draus,
dein Dave

Danke!

Vielen lieben Dank an alle Autoren, Gäste und Beteiligten dieses Buches. Mögen unsere Mühen auf fruchtbaren Boden fallen und viele Menschen zu ihrem persönlichen Glück und Erfolg bringen.

Lisa Hoffmann, Julia Panzilius, Daniel Keller, Julia Bossert, Dave Stutzman, Gerrit Hansen, Dr. Ruven Karr, Dirk Kreuter, Dr. Hendrik Detjen, Patrick Plate, Sascha Maynert und Familie Brych.

**Besonderer Dank an
Inge "Oma Engel" Schulz**

Das nächste Buch ist bereits in Planung!

Besonderen Dank an meine VIP Leser:

Janina A.	Aram Hoppe
Kasandra Alhambra	Heike J.
Wolfgang B.	Sabine Jäger
Angela B.	Susanne K.
Robbin Banks	Qaren K.
Christoph Becker	Maria K.
Wasi Benzig	Maja Kaiser
Eva-Maria Christine Bruckner	Thomas Kasselmann
Werner Bunsen	Fabian König
Florian Clausen	Anne Kottysch
Klaus Dr. Mühlhausen	Daniel K.
Claudia F.	Domink Kurth
Bernd F.	Mary L.
René Funk	Niklas L.
Henrike G.	Heiko Lang
Maik G.	Jonas Lawis
Oliver G.	Gunnar Leesch
Thomas G.	Patric L.
Hans-Ulrich G.	Ali M.
Mareike Gromo	Frederik M.
Gregor Gyser	Bernd M.
Sven H.	Sven M.
Björn H.	Markus B. Meyer
Björn Hannesen	Christian Müller
Franz Hartmann	Siegfried N.
Andreas H.	Oliver N.
Andreas Heidinger	Silam Ö.
Franzi Herrchen	Benny P.
Harald Hertel	CR Ing. Mag. Ernst P.
Mario Hessen	Holger Paulsen

Dieter P.
Sergej R.
Christian Rebel
Özlem Reiser
Stefan S.
Hans-Peter S.
Aslan Said
Brigitte Sautter
Hans Schneider
Sebastian Schönkopf
Philipp Schroth
David Schulze
Andrea Seibel
Heinz Senf
Erkan Sermal

Elke Spitz
Christiane Spöhr
Ulrike T.
Luis Theodor
Britta Treptow
Sabrina T.
Lennart U.
Jens Vogel
Frederik W.
Medin W.
Heike F. W.
Martina W.
Evgenij Wernik
(HelferDerWirtschaft) Hans D. Wiedemann
Leo Z.

Du kennst mein erstes Buch
„Kopf schlägt Potenzial" noch nicht?

Dann wird es höchste Zeit!
Erhältlich als Hörbuch und gebundene Ausgabe.

Hier gibt es das Buch:
kopf-schlaegt-potenzial.de

FANG AN!

Wenn du nicht richtig in die Umsetzung kommst, dann ist mein Buch FANG AN! genau das Richtige für dich. Erhältlich als Hörbuch und gebundene Ausgabe.

Bestelle dir jetzt das Buch:
fang-an-buch.de

Mit deinem PODCAST zu mehr Umsatz!
Die Schritt für Schritt Formel

In der Podcast-Offensive erkläre ich dir, wie du Schritt für Schritt deinen eigenen Podcast aufbaust. Von der IDEE bis zur Umsetzung. Wenn du das umsetzt, wirst du unweigerlich erfolgreich mit deinem Podcast.

Bestelle dir jetzt das Buch:
podcastoffensive.de

3 Monate,
die Dein Leben garantiert verändern!

- intensives und ergebnisorientiertes Coaching

- unterstützt Ziele erreichen, durch ein starkes Umfeld

- selbstbewusster werden und persönlich wachsen

- aufmerksamkeit und Sichtbarkeit erlangen

- mehr Zeit gewinnen durch Struktur und Routinen

**Bewirb dich jetzt für Daves Mastermind auf
www.5ideen.com/mastermind**

Nutze dein gesamtes Potenzial und bestell dir mein "Potenzial Journal" für drei erfolgreiche Monate. Setze dir Ziele, plane deine nächsten Schritte und konzentriere dich auf deine Erfolge. Einen Blick ins Buch, Videos und Anleitungen findest du auf
www.potenzial-journal.de

Über den Autor:

Preisgekrönter Speaker und Multiunternehmer:

Dave Brych

Man nennt ihn auch "Dave the Maker", denn er steht für erfolgreiche Umsetzung. Er sammelt Ideen und Geschichten, kreiert daraus Strategien, Geschäftsmodelle und Formate. Als Umsetzungsexperte schreibt er zwei Bücher im Jahr, produziert regelmäßig Podcasts sowie YouTube Videos und hält legendäre Keynotes, die emotional packen und im Kopf bleiben.

Unternehmen profitieren von Daves beliebten Umsetzungstypenmodell mit den sechs sympathischen Figuren sowie seinem einprägsamen P.E.A.K. Modell.

Zu seinen Unternehmungen zählen u.a. Content Marketing Produktion und Unternehmensberatung mit digitaler Strategie, Software Entwicklung und Vertrieb sowie zahlreiche Beteiligungen und Marken in diversen Branchen.

Besonders bekannt ist Dave Brych für seinen YouTube Kanal "5 IDEEN" mit über 78k Abonnenten, der prämiert wurde als "Best Business YouTube Channel 2018" mit dem Kettenbrecher Award.

Daves Podcast "Kopf schlägt Potenzial" zum gleichnamigen Buch stieg auf Platz 1 der der deutschen Podcast-Charts ein und dominierte sie langfristig.

Keine Idee ist etwas wert, wenn man nichts daraus macht!

Deswegen lautet Daves Leitspruch:
MACH WAS DRAUS!

Deine Notizen
Fang an und schreib es auf!

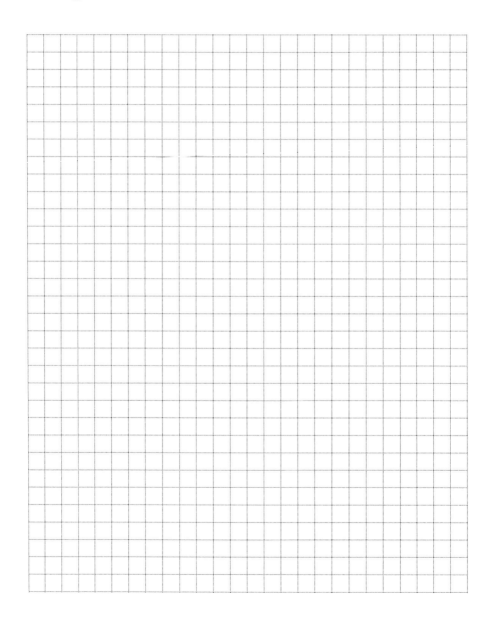

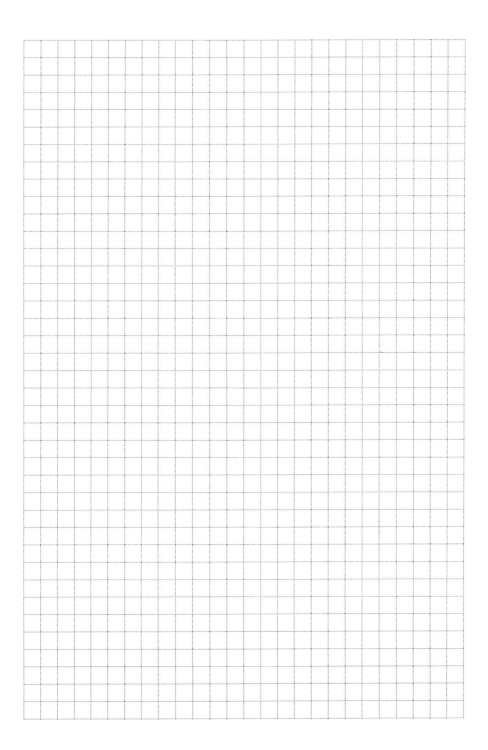

SPEAKERS DAY

Die besten Vorträge für
Business & Mindset für dein erfolgreiches Leben!

1 Tag purer Content, Impulse und das perfekte Umfeld!

06. September 2020, Köln

 www.speakersday.com